하마터면  
　직업목사로  
살 뻔했다

## 하마터면 직업목사로 살 뻔했다

복음의 본질을 찾아서

초판 1쇄 인쇄 2025년 7월 16일
초판 1쇄 발행 2025년 7월 22일

| | |
|---|---|
| 지은이 | 김상수 |
| 발행인 | 강영란 |
| 사업총괄 | 이진호 |

| | |
|---|---|
| 발행처 | 샘솟는기쁨 |
| 주소 | 서울시 중구 수표로2길 9 예림빌딩 402 (04554) |
| 대표전화 | 02-517-2045 |
| 팩스(주문) | 02-517-5125 |
| 홈페이지 | https://blog.naver.com/feelwithcom |
| 전자우편 | atfeel@hanmail.net |

| | |
|---|---|
| 편집위원 | 김건우 |
| 편집 | 박관용 권지연 |
| 디자인 | 트리니티 |
| 제작 | 아이캔 |
| 물류 | 신영북스 |

ⓒ 김상수, 2025
979-11-92794-60-0 (03200)

이 책은 저작권법에 따라 보호를 받는 저작물이므로 무단 전재와 무단 복제를 금합니다.
잘못된 책은 구입하신 곳에서 바꿔 드립니다.
책값은 뒤표지에 있습니다.

# 하마터면 직업목사로 살 뻔했다

김상수 지음

복음의 본질을 찾아서

샘솟는기쁨

추천사

# 복음의 본질, 선교적 삶을 말하다

김상수 목사의 『하마터면 직업목사로 살 뻔했다 - 복음의 본질을 찾아서』가 시의적절한 때 나오게 된 것을 매우 기쁘게 생각한다. 이 책은 교회를 일어서게도 하고 넘어지게도 하는 복음의 핵심을 목회적 소명과 연결시켜 말하고 있기 때문이다. 저자의 책을 읽다가 문득 "교회는 결코 외부의 박해 때문에 무너지지 않는다. 오히려 복음을 타협할 때 무너진다"라는 중국 지하 교회 지도자의 말이 생각났다. 4차 로잔대회 이후 한국 교회가 간과한 온전한 복음과 선교적 삶의 올바른 방향성을 말해 주는 책이기에 한국 교회 성도라면 반드시 읽어 보라 권하고 싶다.

**이재훈 | 온누리교회 위임목사, 2024 서울-인천 제4차 로잔대회 의장**

『하마터면 직업목사로 살 뻔했다』는 한국 교회를 사랑하는 목회자가 복음을 잃어버린 채 직업목사로 살아왔던 목회 여정을 고백하며, 다시 소명 의식을 회복하여 복음으로 돌아가야 함을 진솔하게 요청하는 귀한 책이다. 오스 기니스는 '소명은 나의 길이 아닌 것에서 해방되는 데 그 첫걸음이 시작된다'고 했다. 아무리 숭고한 비전이라고 할지라도 자신의 내부에서 길러진 것이 아니면, 힘이 없다. 이 책은 우리로 다시 우리 내면을 진지하게 성찰하고 돌아보게 한다. 흉내 내는 삶을 멈추고, 주님의 부르심에 귀를 기울여야 한다고 일갈한다.

또한 복음을 바르게 알고, 믿고 살아 내면 교회는 반드시 살아난다고 강조한다. 온전한 복음을 온 교회가 온 세상에 전하라는 사명의 회복이야말로 지금 한국 교회와 다음 세대를 살릴 수 있는 대안이다. 그 길로 다시 걸어가자는 저자의 목소리에 우리 모두 귀를 기울여야 한다. 건강한 교회, 건강한 목회를 꿈꾸는 목회자와 신학생, 복음적 삶을 살아가길 원하는 평신도와 선교사들에게 기쁜 마음으로 추천한다.   **이인호 | 더사랑의교회 담임목사, 복음과도시 대표**

저자는 거울을 보고 정체를 묻는다. 넌 누구냐? 옳음에 대한 갈망과 옳지 않은 자기 현실에 대한 절규 사이에서 거울을 피하고 싶다. 그러나 눈을 감아도 보이는 거울이다. 어딜 가나 어느새 내 앞에 서 있는 말씀의 거울이다. 내가 턱없이 모자라 그렇지, 말씀이 하이라이팅하는 복음은 들여다볼수록 감당할 수 없을 만큼 아름답다. 영원히 가두어지고 싶은 아름다움이다. 이 아름다움에는 세우는 동시에 허무는 역설이 있어 우리로 분투하게 한다. 『벌거벗은 기독교』 저자 존 딕슨에 기대어 말한다면, 신자는 순전한 거룩을 위한 벽을 확고하게 세우는 동시에 용서를 위해 세운 벽을 허물어야 하는 패러독스에서 질문하고 고민해야 한다. 자신의 정체를 물으며 복음과 함께 분투하고 답하려 씨름하는 저자는 우리의 거울이고 친근한 동료다. 그리하여 그는, 복음이 형성하는 신자의 길 그 길을 열망하는 모든 이들을 위한 고마운 길벗으로 자기를 내어 준다.

**정갑신 | 예수향남교회 담임목사**

저자는 이 책에서 모든 시대마다 하나님의 사람은 특별한 부르심과 사명이 있다고 말한다. 무엇보다 오늘날 같은 세속화 시대는 순전한 복음을 지켜 내고 믿음의 유산을 다음 세대에게 물려주어야 한다는 말에 무척 공감이 간다. 이런 의미에서 모든 사람은 보냄을 받은 곳에서 관광객이 아닌 순례자로서 선교사적 삶을 살아 내야 한다는 말에 상당한 설득력이 있다.

**전진국 | CGN 대표**

선교사를 훈련할 때 그들에게 가장 필요한 것이 무엇일까? 고민하면서, 그들이 선교사로서 기능을 수행하기 위한 지식과 정보보다 더 중요한 것이 있다고 생각했다. 그것은 하나님의 자녀요, 제자, 동역자로 부르심을 받은 그들이 자신의 정체성과 역할에 대하여 분명한 소명과 사명을 발견하는 것이요, 그 한 사람 한 사람이 인격과 관계와 신앙의 성숙을 이루어 가는 것이요, 누구보다도 하나님의 사랑과 이 땅에 구주로 오신 예수 그리스도의 복음을 분명히 해야 한다는 것이다. 저자는 수년간 우리 온누리교회의 선교사 훈련 과정에서 '복음의 본질'에 대해 창세기에서 계시록까지 성경 안에 있는 살아 있는 내용을 가르쳐 주었다. 그리고 이제 한 사람이 삶 속에서 경험된 실재를 진술하고 호소력 있게 말해 주고 있다.

황종연 | 목사, Acts29비전빌리지 선교훈련원장

『하마터면 직업목사로 살 뻔했다』는 제목부터 단번에 시선을 사로잡는다. 이 신선한 제목만큼이나, 저자의 번뜩이는 통찰력으로 복음과 제자도의 본질을 정면으로 파고든다. 겉으로는 목회자를 위한 자전적 제자도 이야기처럼 보이지만, 깊은 성경 묵상과 풍성한 독서, 그리고 다채로운 삶의 체험에서 우러나온 이 책의 묵직한 울림은 목회자에 국한되지 않는다. 이 책은 복음의 본질를 붙들고 그리스도를 진심으로 따르려는 모든 성도에게 깊고 굵직한 도전을 던진다. 익숙함에 젖어 매너리즘에 빠진 신앙생활에 생기를 불어넣고 싶은가? 그렇다면 이 책을 집으라. 읽으라. 다시 복음의 감격 속으로 들어가 그리스도를 기쁘게 따르라.

양형주 | 바이블백신센터, 대전도안교회 담임목사

결코 뻔한 이야기가 아닙니다. 『하마터면 직업목사로 살 뻔했다』에는 성찰과 통찰이 담겨 있습니다. 선지자적 메시지와 제사장적 메시지가 만나고 있습니다. 복음을 모르는 사역자나 성도는 비참합니다. 복음이 흐려진 사역자나 성도는 초라합니다. 진짜 복음을 추구하는 김상수 목사님의 이 책은 신앙과 삶의 현실과 이상이 어우러지고 있습니다. 복만 추구하다가 복음을 잃어버린 시대, 편안함을 추구하다가 평안을 잃어버린 시대를 향해 진정한 복음의 가치와 의미를 추구하게 하는 이 책을 통해 살아나는 목사, 성도, 교회가 되기를 꿈꾸며 필독을 권합니다.

**이상갑 | 산본교회 담임목사, 청년사역연구소 소장, 학원복음화협의회 공동대표**

신앙은 전적인 삶이라고 합니다. 그리스도인이라면 누구나 주 예수 그리스도의 뜻 안에서 내 삶을 온전히 주님께 맡기고 주님 주신 믿음으로 주님께서 이끄시는 대로 걸어가는 신앙의 삶이 되길 간절히 소망할 것입니다. 그러나 때로는 내 삶 속에 어느덧 본질을 잃어버린, 삶의 걸음을 잃은 채 살아가는 안타까움이 우리 안에 있음을 고백합니다. 이 책은 오늘 우리의 향방 없이 달려가고 있는 신앙의 여정 속에 "복음의 본질을 회복하자!"라는 목사님의 간절한 외침이 담겨 있음에 신앙의 본질을 회복하며 걸음의 방향을 제시하는 귀한 도전이 되었습니다.

**최기수 | 덕천교회 담임목사, 『부름받아 나선 이 몸』 저자**

**프롤로그**

# 다시 복음을 공부하며

처음 보는 발신자 번호로 전화가 왔다.

"저 혹시, 김상수 목사님이시지요?"

"네 맞습니다만 무슨 일인지요?"

"아, 네. 다름 아니라 여기는 ○○○선교센터입니다. 바쁘신 줄 알지만 목사님께 강의 하나 부탁드리고 싶어서요."

잠시 머뭇거리긴 했어도 강의 주제가 궁금했다.

"아, 그래요? 혹시 강의 주제가 뭔가요?"

"목사님이 섬겨 주실 강의 주제는 복음의 본질입니다."

"네? 복음의 본질이요?"

다음 날 아침 사무실에 출근해 메일을 열어 보자 세부 일정이 자세하게 나와 있었다. 강의 대상은 선교사 후보생들이었다. 집중 강의 4회, 브레이크 타임 2회, 채플 설교 1회의 다소 빡빡한 일정이었다. 당연히 무리가 되었지만 평소 선교에 우선순위를 두라는 교회의 가르침 덕분에 주저하지 않고 강의 제안을 수락했다.

이 제안은 내가 복음을 다시 공부하는 이유가 되었고, 나아가 한국 교회에 대해 다시 고민하는 계기가 되었다. 그래서였을까. 복음의 본질을 잘 전할 수 있을지 살짝 긴장도 되었다. 이와 관련된 팀 켈러(Tim Keller) 목사의 유명한 일화가 있다.

팀 켈러는 신학교 수업 때마다 학생들을 만나 복음에 대해 질문하는 교수로 정평이 나 있다. 신학을 공부하는 학생들이 얼마나 복음을 깊이 이해하는지 알고자 한 것이다. 하지만 신학생들이 하는 대답은 그를 실망시키곤 했다. 그들은 모두 당연한 것처럼 복음에 자신감이 넘쳐 있었다. 아니, 선생인 자신도 잘 모르겠는데 어쩌면 저렇게 복음을 쉽게 생각할 수 있단 말인가. 그는 의아할 수밖에 없었다.

이 글을 쓰는 나의 심정이 꼭 그와 같다. 복음은 심오해서 결코 짧은 지식으로 온전히 이해할 수 없다. 그럼에도 불구하고 예수 그리스도 안에서라면 복음을 바르게 이해할 수 있다는 믿음 또한 있다. 그 믿음을 가지고, 자격 없는 나를 은혜로 구원하신 그 사랑을 기억하며 복음의 본질이 무엇인가 설명하고 싶었다.

Chapter 1에서는 복음이 어떻게 내게로 오는지 설명하고, Chapter 2에서는 복음을 믿다가 언제부터 직업목사로 전락하는지를 다루었다. Chapter 3은 복음으로 나의 믿음이 어떻게 회복되었는지 삶의 궤적을 추적하고자 했다. 너무 바빠 시간이 없다면 Chapter 3 먼저 천천히 읽으면 좋겠다. 이것이 내가 말하고자 하는 핵심이기 때문이다. Chapter 4에서는 복음이 어떻게 나와 주변 세계를 바꾸어 놓는지 살펴보고자 했고, Chapter 5에서는 복음이 왜 직업목사가 아닌 제자의 삶을 요구하는지를 다루었다.

지금도 선교센터에서 강의하던 때만 떠올리면 가슴이 벅차오른다. 그날 우리 모두는 복음의 열정으로 불타올랐다. 누가 선생이고 누가 학생이었는지 모를 정도로 교학상장(敎學相長)의 기쁨을 맛볼 수 있었다. 그 기회는 내게 큰 행복이었다. 귀한 만남을 주신 하나님께 감사드리고, 특히 선교센터 원장 황종연 목사님과 섬겨 주신 스태프에게 감사의 말을 전하고 싶다.

무엇보다 이 책을 쓰며 가장 감사했던 것은 복음 안에서 교회를 다시 생각해 볼 수 있었다는 점이다. 그래서일까. 글을 쓰는 내내 한국 교회를 위한 뜨거운 기도가 멈추지 않았다. 내 신앙의 뿌리가 한국 교회이고, 한국 교회는 내 믿음의 자화상이기 때문이다. 상처투성이인 한국 교회만 생각하면 속이 상했고, 형편없는 내 믿음을 볼 때 한국 교회에 미안한 마음이 든 것은 결코 우연이 아니었다. 필립 얀시(Philip Yancey)의 말처럼 교회는 모든 성도의 '영원한 사랑, 영원한 고민'인 것을 실감해야 했다.

한 가지 이 글을 읽는 독자들이 유념할 사항이 있다. 이 책의 내용은 결코 특정 목사나 교회를 비방하기 위해 기록되지 않았다는 것이다. 그럼에도 작은 오해가 생겼다면 그것은 모두 부족한 저자의 필력 때문이리라. 아무쪼록 이 책이 격변하는 시대에 복음의 본질을 바로 아는 데 조금이라도 도움을 줄 수 있다면 아주 좋겠다.

2025년 봄, 교회 사무실에서
김상수

**차례**

추천사 5
프롤로그 다시 복음을 공부하며 10

## Chapter 1 쿠팡 목사에게 묻다

1. 십자가의 전달자로 19
2. 한국 교회의 호우주의보 24
3. 이판사판 그리스도인 28
4. 네가 목사냐? 33

- 직업목사의 반성문 1
- 목사와 소명 1 원예사인가 목사인가

## Chapter 2 관광객이 된 순례자

5. 목사는 전문 직업인이 아닙니다 47
6. 하나님이 주인 되어 주실 때 52
7. 목사의 길, 목사의 성 66
8. 달콤한 구원, 믿음의 꽃방석 77

- 직업목사의 반성문 2
- 목사와 소명 2 전시된 박물관 교회

## Chapter 3 잃어버린 복음을 찾아서

9. 다시 새기는 복음의 본질     95
10. 어떠한 절망도 희망으로 바꾼다     106
11. 끊을 수 없는 사랑 이야기, 영원한 복음     113
12. 교회는 무엇으로 서는가     133

- 직업목사의 반성문 3
- 목사와 소명 3  설교는 야드가 아니라 파운드

## Chapter 4 정착민에서 거류민으로

13. 하마터면 직업목사로 살 뻔했다     151
14. 중세의 가을, 일그러진 교회     154
15. 나이트클럽이 교회로 바뀐 이유     170
16. 최고의 스펙은 성품입니다     181

- 직업목사의 반성문 4
- 목사와 소명 4  나의 삶이 나의 유언

## Chapter 5 난 오늘 직업목사가 아닌 제자로 살기로 했다

17. 거룩한 사랑이 나를 부른다     193
18. 부르심이 없다면 돌아가도 좋습니다     195
19. 모두가 선교사인 시대     204
20. 청바지 입은 예수처럼     213

- 직업목사의 반성문 5
- 목사와 소명 5  칼뱅의 시대적 소명

**에필로그**   이제 십자가의 길로     221
**참고 문헌**     224

복음의 본질을 가르쳐준
고(故) 하용조 목사님께 이 책을 헌정합니다.

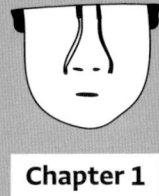

# Chapter 1

# 쿠팡 목사에게 묻다

복음이 어떻게 자격 없는 자를 부르고 하나님 나라의 일꾼이 되게 하는지 살펴본다. 하나님의 부르심은 자격이나 조건에 달린 것이 아니다. 하나님은 오직 은혜로 자기의 기쁘신 뜻을 따라 우리를 불러 주신다. 어둠에서 빛으로, 옛사람에서 새사람으로 부르시는 까닭은 하나님의 일에 초대하기 위해서이다. 이 하나님 나라의 초대는 서로 비교할 필요도, 비교할 수도 없다. 오직 은혜로 불러 주신 하나님께 감사하며 살면 된다. 부르심을 받은 자는 부르심에 감사하고 하나님 나라의 일에 책임 있게 응답해야만 하는 것이다.

# 1
## 십자가의 전달자로

아모스가 아마샤에게 대답하여 이르되
나는 선지자가 아니며 선지자의 아들도 아니라
나는 목자요 뽕나무를 재배하는 자로서 양 떼를 따를 때에
여호와께서 나를 데려다가 여호와께서 내게 이르시기를
가서 내 백성 이스라엘에게 예언하라 하셨나니
**암 7:14~15**

교회에서 청년대학부를 섬길 때였다. 새벽 설교 후 한 권사님이 찾아와 나직한 목소리로 말했다. "목사님, 시간 되시면 심방 좀 함께 가실 수 있을까요?" 이른 시간에 무슨 일인지 어리둥절했지만, 얼른 "5분 뒤 주차장으로 내려갈게요"라고 대답했다. 주차장에는 몇몇 권사님들이 기다리고 있었다.

차를 타고 1시간쯤 이동하자 허름한 교회가 나타났다. 간판이라고 하기에는 몹시 낡아 보이는 'ㅇㅇ교회'라는 글씨가 희미하게 우리를 안내하고 있었다. 외진 지역의 가난한 시골 교회였다. 우리 일행을 마중 나온 목사님은 그 교회에서 사역하고 있다고 자신을 소개했다. 잠시 후 권사님들은 목사님을 귀퉁이로 데려가더니 심각한 표정으로 무엇인가 대화를 나누었다. 그들

이 왜 심각한 표정이었는지 그 이유가 궁금했다.

사정을 들어 보니 그 목사님은 10년 넘게 사명 하나 붙들고 교회를 섬겨 왔으나 이제 더 이상 버틸 수 없는 상황이었다. 자신을 믿고 후원해 준 권사님들에게 죄송했는지, 목사님은 연거푸 미안하다는 말을 반복했다. 1시간이 채 못 되었을까. 권사님들은 골목에 서 있던 나에게 마무리 기도를 해 달라고 손짓했다. 나는 순간 당황했다. 이제 교회 문을 닫기로 한 선배 목사님을 위해 뭐라고 기도해야 할지 몰랐기 때문이다.

최근 한국 교회는 '이중직' 열풍이 거세게 불고 있다. 시대의 흐름 탓일까? 쿠팡 배달원, 공장 근로자, 식당 종업원, 트럭 운전자, 중장비 작업자, 용접공, 대리기사, 일용직 노동자, 바리스타 등 그 직종 또한 다양하다. 유튜브와 SNS에서는 이중직에 대한 여러 저명한 목회자들의 갑론을박 논쟁을 살펴볼 수 있다. 항존직인 목사가 어떻게 세상 직업을 가질 수 있느냐는 주장과 목사도 사람이라 생계가 안 될 경우 잠시 일을 해도 괜찮다는 주장이 서로 맞서고 있다.

양쪽 견해를 보면 나름 타당해 보여 무엇이 정답이라고 딱 잘라 말하기가 쉽지 않아 보인다. 목회만 전념해도 힘든데 이중직이 가능하겠느냐며 자족해야 한다는 입장과, 예수님도 목수 일을 하셨고 사도 바울도 자비량 선교사였음을 감안할 때 이중직은 얼마든지 가능하다는 입장이 모두 설득력을 갖추고 있다.

나는 이중직에 대해 비교적 유연한 편이다. 이 논쟁은 이미 종교개혁 당시 직업 소명설로 해결된 것처럼 보인다. 사실 목회자의 생계 문제보다 더 중요한 것은 소명의 문제이다. 표면적으로 어떤 형태로 살아가느냐보다는 목회자가 자신의 소명을 분명히 붙들고 있느냐가 더 중요한 것이다. 어떤 자리 어떤 상황에 있든지 소명을 붙잡아야 한다.

쿠팡 배달을 하면서도 복음의 사명을 잃어버리지 않고 살 수만 있다면 무엇이 문제겠는가? 반대로 나처럼 편안한(?) 제도권 교회에서 사역하면서도 그 사명을 잃어버렸다면 어찌 참된 목사라고 할 수 있겠는가? 따라서 이중직 논란은 목회의 부르심을 점검하는 계기로 삼아야 한다.

그런 의미에서 지난 140년 동안 한국 교회가 걸어온 길을 짧게라도 살펴보는 일은 중요하다. 그 속에서 시대를 향한 목사의 소명을 발견할 수 있기 때문이다.

구한말 시대 목사의 소명은 하나님의 사랑을 널리 알리는 것이 급선무였다. 목사들은 선교사들과 함께 전국을 다니며 복음을 전하고 교회를 세우는 일에 목숨을 걸었다.

일제강점기의 목사는 신사참배를 거부하고 믿음을 지키기 위해 사명감을 가지고 투사같이 싸워야 했다. 나라를 잃은 슬픔에 소수의 기독교인들이 일어나 전국적인 3.1운동을 일으킨 것은 실로 놀라운 일이었다. 그렇게 믿음의 선배들은 신앙의 절개를 지키다가 온 겨레가 염원하던 광복을 맞이했다.

해방 이후 6.25전쟁 시대, 목회자들은 부침의 세월을 보내야 했다. 남북이 분단되고 전쟁으로 수많은 인명이 목숨을 잃은 이 시대는 유물사상과 공산주의를 막아 내고 자유민주주의를 수호하는 게 중요한 사명이었다.

전후 분단 시대의 목사는 나라를 재건하는 일이 무엇보다 중요했다. 이 시대 목사들은 나라와 교회를 재건하고 가난한 자를 돌보는 것이 가장 중요한 사역이었다.

산업화 시대 목사의 소명은 가난을 벗어나 경제 발전을 이룩하는 데 있었다. 교회는 국가와 함께 노력과 근면 성실을 강조했다. '하면 된다, 할 수 있다'라는 적극적 사고방식은 구령의 열정과 함께 복음 전도에도 열심을 가지게 만들었다. 65년의 민족 복음화대회, 73년의 빌리 그래함 전도대회, 74년의 엑스플로 74가 그 상징이다. 이 시대의 대한민국이 엄청난 경제 발전과 함께 폭발적인 교회 성장을 일구어 낸 것은 실로 대단한 역사였다.

민주화 시대가 오자 가난에서 벗어난 사람들은 탈권위주의와 민주적인 사회를 요구하기 시작했다. 교회도 그 영향에서 벗어날 수 없었다. 이때부터 목회자들은 교회의 본질이 무엇인가 고민하지 않을 수 없었다. 이것이 한국 교회 안에 복음주의 운동이 만들어지는 결정적 계기가 되었다.

다원주의 시대 교회의 상황은 좀 더 복잡해지기 시작했다. 과학 기술이 발달하고 인본주의 사상이 가득한 현대 사회는 더 이상 복음을 절대 진리로 받아들이지 않는다. 모든 것이 상대화되어 버린 시대에 교회는 대사회적 신뢰를 잃어버리고 말았다. 더욱이 이단과 사이비 종파들이 발흥해 왜곡된 진리와 거짓된 복음을 전하는 자들이 많이 나타났다. 이 시대의 목회자들에게는 복음의 진리를 잘 보존하고 다음 세대에 신앙의 유산을 잘 물려주는 게 중요한 사명이 되었다.

이렇듯 하나님의 부르심을 받은 자들은 시대에 발맞춰 각자의 자리에서 주어진 사명을 감당해야 한다. 이 부르심의 문제는 하나님 앞에서의 '내 문제'에 해당한다. 누군가와 비교할 필요가 없고, 비교되어서도 안 된다. 제3자가 이러쿵저러쿵 말하는 것은 온당치 않은 경우가 많다. 우리의 중심을 보시는 하나님을 생각한다면 더욱더 그렇다.

하나님의 부르심을 받았다면 하나님 앞에서 각자 자신을 점검해 보면 되는 문제이다. 그 자리가 쿠팡 목사이든 제도권 목사이든, 도시이든 농촌이든, 대형 교회이든 개척 교회이든 모양은 그리 중요하지 않다. 중요한 것은 사명, 하나님이 맡기신 그 사명을 충성되게 감당하고 있는지 살펴보면 되는 것이다.

# 2
## 한국 교회의 호우주의보

너희는 세상의 소금이니
소금이 만일 그 맛을 잃으면 무엇으로 짜게 하리요
후에는 아무 쓸데없어 다만 밖에 버려져
사람에게 밟힐 뿐이니라

마 5:13

최근 통계자료들은 한국 교회의 상황을 밝게 내다보고 있지 않다. 거센 세속화의 물결이 교회를 집어삼킬 수도 있으리라 전망하고 있다. 이러한 상황을 두고 '유사 포스트 크리스텐덤'이라는 말로 표현하기도 했다. 포스트 크리스텐덤이란 본래 후기 기독교 세계를 의미한다. 이는 탈기독교 시대에 서구 사회의 구심점이었던 교회가 점차 주변 세계로 밀려나는 현상을 말하는 것으로, 한국 교회도 비슷한 상황에 놓이게 되었다는 것이다.

한때는 교회가 폭발적으로 성장하다가 이제는 급격히 쇠퇴하는 상황에 놓이게 되었다. 일각에서는 이러한 현실에 불편을 느낄 수도 있겠지만, 탈기독교 시대에 교회가 쇠퇴하고 있다는 점은 통계적으로 볼 때 아무도 부인할 수 없는 상황이다. 무엇보다 교회의 전도 대상자들인 사회로부터 신뢰를 잃어버렸다는 게 핵심 요인이다.

한국 교회는 언제부터 이렇게 된 것일까? 어떤 이는 교회가 세상과 동화되었기 때문이라고 말한다. 반대로 어떤 이는 교회가 세상과 동떨어져 게토화된 게 문제라고 말한다. 하지만 개혁교회의 후예로서 나는 교회가 복음의 본질을 잃어버린 것이 위기를 초래했다고 생각한다.

예수님이 가르치신 온전한 복음은 전도 대상자인 세상을 배제하고 복음만 강조하지 않았고, 반대로 복음을 배제하고 세상만 강조하지도 않았다. 예수님이 꿈꾸신 교회의 모습은 '세상 안의 소금과 빛'이었다. 세상에서 복음의 쓸모를 다하는 존재였던 것이다.

소금과 빛은 그리스도인이 세상을 변화시킨다는 의미도 있지만, 교회가 세상 안에 존재하는 올바른 방식을 가르쳐 주기도 한다. 이 말씀에 비추어 보면 한국 교회가 왜 세상으로부터 신뢰를 얻고 있지 못하는지 그 이유를 짐작할 수 있다. 즉 복음 안에서 세상과 소통을 잘 하지 못했고, 전도 대상자들에게 효과적으로 복음을 전하는 전략이 부재했다.

이미 예수님은 세상 안에서 소금이 짠맛을 잃어버리면 무용지물이 된다는 것을 말씀하셨다(마 5:13). 그리고 빛의 역할은 말 아래 숨기지 않고 등경 위에 두어 비치게 하는 것이라고 말씀하셨다(마 5:14~16). 이 소금과 빛의 역할은 세상 속에서 복음의 사명이 무엇인지를 말해 주고 있다.

초기 교회를 연구해 온 알렌 크라이더(Alan Kreider)는 기독교가 성장한 배경을 연구하며 의미 있는 결론을 도출했다. 그의 연구에 따르면 313년까지 교회는 박해 가운데 성장했고 복음의 생명력을 유지했다. 하지만 로마제국이 공인하면서부터 이상하게 교회는 급격히 복음의 생명력을 잃어버렸다. 기독교가 로마 국교가 되어 버리자 누구나 자유롭게 교회를 다닐 수 있게 되었다. 이때부터 사람들은 경건한 마음을 잃어버리고 교회에 나오기 시작했다. 하나님보다 세상의 다른 것에 관심을 두고 교회 생활을 하기 시작한 것이다.

황제가 믿는 종교, 출세와 번영을 위해 나가는 종교가 되면서 교회는 명목상의 그리스도인들로 넘쳐 나게 되었다. 전도하지 않아도 스스로 몰려드는 사람들 때문에 교회는 사람보다 건물을 중요시하게 되었다. 교회마다 더 화려하고 멋있는 건물을 짓기 위해 경쟁하기 시작했고, 사람들의 오감을 즐겁게 해 주기 위해 시각적인 요소들이 많아지게 되었다. 하나님보다 사람들에게 어떻게 보이는 지가 더 중요한 교회가 되었다.

알렌 크라이더에 따르면 이때부터 교회는 하나님께 드리는 예배보다 어떻게 해서 사람의 마음을 만족시킬까 궁리하기 시작했다고 한다. 복음의 생명력을 잃어버리고 제도화된 교회로 전락하게 된 것이다.

현대 교회는 알렌 크라이더의 경고를 결코 가볍게 들어서는 안 된다. 오늘날의 교회 모습 또한 과거와 크게 다르지 않기 때문이다. 현대인들은 주일날 성경책을 들고 교회에 다녀온다고 해서 그를 참된 그리스도인으로 보지 않는다. 아무리 성경을 많이 공부하고 잘 안다고 해도, 혹은 전도를 많이 한다고 해도 믿음이 좋다고 여기지 않는다. 이러한 외형적 종교 행위들을 너무 많은 사람들이 경험했기 때문이다.

현대인들은 그리스도인에게 행위보다 삶으로 복음을 증명해 달라고 요구하고 있는지도 모른다. 수많은 사람들이 말로만 믿고 실천적이지 않았기에 우리가 믿는 하나님을 삶으로 보여 달라고 아우성치는 것이다.

그런 면에서 세속화된 다원주의 세계가 반드시 나쁘다고만 할 수는 없다. 그런 상황이 복음의 진검승부가 펼쳐질 수 있는 광장이 될 수도 있기 때문이다. 오늘의 기독교가 통계상 나쁜 성적표를 받았다고 해서 좌절할 필요는 없다. 분명한 것은 우리가 믿는 믿음의 대상을 재정비할 필요가 있다는 것이다.

# 3
# 이판사판 그리스도인

> 예수께서 이르시되
> 죽은 자들이 그들의 죽은 자들을 장사하게 하고
> 너는 나를 따르라 하시니라
> **마 8:22**

"목사는 많은데 목사가 없어."

가끔씩 친구 목사들이 한자리에 모이면 들려오는 말이다. 최근 대형 교회에서 목사 한 사람을 뽑는 자리에 많은 사람이 몰려왔지만, 면접 결과 한 사람도 뽑을 만한 사람이 없었다고 한다. 교회에 있어야 할 목사가 단 한 사람도 없었다는 말이다. 쉬운 말로 목사는 많은데 목사가 없었다. 도대체 이 시대의 교회가 요구하는 참 목자상은 어떤 것일까?

내가 신대원에 입학할 당시 한국 교회는 희망에 부풀어 있었다. 지금도 신대원 1학년 시절의 사경회는 마음속 깊이 남아 있다. 강사는 스위스 제네바한인교회의 이재철 목사님이었다. 그날 모든 사람은 거룩한 하나님의 말씀 앞에 숨을 죽이고 있었다. 모두가 목사님의 말씀을 들으며 짐승처럼 흐느껴 울었다. 내 기억이 정확하다면 그때 목사님은 이런 말씀을 전했다.

갈릴리 작은 변방에서 시작한 복음은 어느덧 한국 교회에 폭발적인 성장을 가져왔습니다. 교회를 세우기만 해도 성도들이 구름 떼처럼 몰려오던 때도 있었습니다. 하지만 언제부턴가 교회는 한 영혼의 소중함보다 물량주의적 축복에 관심을 갖기 시작했습니다. 이때부터 교회는 참된 제자도는커녕 성공주의 신앙만 강조하다가 본질을 놓치고 말았습니다. 성공과 숫자가 모든 것을 말해 주니 그들의 목소리가 커지고 교회는 급기야 하나님의 자리에 올라서게 된 것입니다. 일부 교회 목사들은 황제의 논리로 무소불위의 권력을 휘두르게 된 것이 지금의 한국 교회가 아니라고 말할 사람이 어디 있겠습니까? 혹시 오늘 선지 동산에 온 것이 주님의 부르심보다 대형 교회 목회자나 스타 목사가 되고 싶어 온 사람은 없습니까?

그날 이재철 목사님은 한국 교회의 상황을 고려 말에 비유했다. 고려 시대는 불교가 국교였다. 국가는 승려들에게 엄청난 혜택을 주었고, 고려 말에 이르러서는 극도로 부패하고 타락한 승려들로 넘쳐 나게 되었다. 그 당시 사람들은 누구나 자식이 승려가 되는 게 꿈이었다.

이러한 고려 말 불교를 향해 사람들은 누가 참이고 거짓인지 몰라 아무나 승려가 된다는 말로 '이판사판'이라 부르게 되었다고 한다. 본래 이판사판은 승려의 계급을 나타내는 말인데, 경계가 사라져 아무나 승려가 되었다는 의미이다. 타락한 고려 말 불교는 망하고 조선이 도래하자 억불숭유(抑佛崇儒) 정책을 편 것은 전혀 이상한 일이 아니었다.

시간이 흘러도 그 말씀이 기억나는 것은 현시대가 꼭 그와 같기 때문이다. 내가 신학교를 다닐 때는 목사의 과잉 공급이 문제였는데, 이재철 목사님은 목회자가 많아지는 게 좋은 것이 아니라고 했다. 목회자들의 수가 많아지면 그 질이 떨어질 수 있다고 보았다.

그럼에도 불구하고 각 교단의 목회자 수는 기하급수적으로 늘어나 버렸다. 솔직히 그 이면에는 교단들의 경쟁심이 한몫한 것도 결코 부인할 수 없다. 교회 성장 시대 다양한 구실로 수많은 목사를 배출하여 고려 말처럼 이판사판이 되어 버리고 만 것이다. 그렇게 배출된 목회자 수가 10만 명을 훌쩍 넘을 정도이니 이판사판이 아니고 무엇이겠는가.

혹자는 교회가 많고 목사가 많으면 모두가 좋은 거지 뭐가 문제냐며 반론을 제기할 수도 있다. 그러나 부르심을 모른 채로 너무 많은 목회자가 배출되는 것은 심각한 문제이다. 숫자와 질은 대체로 반비례하기 때문이다. 과거에 오늘날의 목회자들처럼 영적인 권위가 추락했던 시대가 또 있었을까? 교회의 영성이 대사회적 신뢰를 주지 못하는 것은 마치 운전면허를 따듯 목사 자격증을 주는 것과 전혀 무관하지 않다고 말할 수 있을까?

그렇다면 초기 교회는 어떻게 목회자로 부르심을 받았을지 잠시 상상해 보자. 가끔 초기 교회에서 목사란 어떤 사람이었을지 생각해 볼 때가 있다. 자세히는 알지 못해도 한 가지 분명한 사실은 '목사'란 매우 위험한 직업이었다는 것이다.

당시 기독교는 불법 종교였다. 게다가 기독교에 대한 사회적 인식이 매우 좋지 않았다. 오죽하면 그리스도인이 되면 친구도 잃어버리고, 세상으로부터 고립되고, 재산을 빼앗기고, 직업을 구하는 데 불이익을 당하고, 목숨도 잃어버리는 것으로 생각했을까. 상식적으로 바보가 아닌 이상 기독교를 선택하는 것은 미련한 일이었을 것이다.

그런 상황에 누군가가 은혜를 받아 선뜻 목사가 되겠다고 한다면 가족은 어떻게 반응했을까? 전혀 상상이 가지 않는다. 혹시 이렇게 생각하지 않았을까? 이미 죽은 자식이나 호적에서 파내어 버린 자식으로 여기며 인연을 끊어 버렸을 것이다. 목사의 삶이란 화려한 성공이나 출세의 길이라기보다 죽음의 길이었음이 틀림없다. 살아 있는 순교자 또는 사자의 밥이 되는 것과 다를 바가 없을 테니 말이다. 그래서 누군가가 목회자로 헌신하겠다고 하면 주변에서 이런 조언을 했을지도 모른다.

"다시 생각해 보고 결정하세요. 죽기를 각오했습니까? 목숨을 내놓지 않을 거라면 집으로 돌아가세요."

이런 의미에서 오늘날 이중직 논란은 행복한 고민이 아닐까? 아직도 예수 제자 학교 학생들이 넘쳐 난다는 증거이기 때문이다.

이처럼 초기 교회의 부르심은 우리 시대와는 엄청난 차이가 났다. 그들에게 그리스도인이라고 하면, 단순히 일요일에 교회 가는 사람을 가리키지 않았다. 그들에게 '그리스도인', '제자'라는 용어는 거친 세상에서 목숨을 걸고 하나님을 믿는 사람을 가리켰다.

초기 그리스도인은 회색주의자가 아니며 이중생활을 하며 적당히 교회 출석하는 자를 의미하지 않았다. 모두 오직 한 주인만을 바라보며 주의 길을 따르는 자들이었다. 그들은 자신의 이름보다 그리스도인이 된 것을 더 명예롭게 생각하는 사람들이었다. 그리스도인으로서 노예로, 그리스도인으로서 주부로, 그리스도인으로서 교사로, 그리스도인으로서 사업가로, 그리스도인으로서 목사로 살아간 것이다.

# 4
# 네가 목사냐?

> 그러므로 함께 하늘의 부르심을 받은 거룩한 형제들아
> 우리가 믿는 도리의 사도이시며
> 대제사장이신 예수를 깊이 생각하라
> **히 3:1**

1995년은 내게 아주 특별한 해다. 그해에 처음으로 신학교라는 곳을 방문했다. 신학교에 가 보니 모든 게 낯설었다. 동시에 무척 놀라웠다. 강의 전 사람들이 함께 찬양하고 기도하는 것이 인상 깊었다. 그래서였을까. 1995년이 더욱 특별하게 느껴지는 이유는 찬양을 하고 수업을 듣는데 주체할 수 없는 눈물이 흘러내렸기 때문이다. 왜 그렇게 눈물이 쏟아졌을까?

### 내게 주신 약속의 말씀

부끄럽게도 당시 나는 구원을 받은 이후 길을 잃어버린 상태였다. 예수님을 믿게 되었지만 앞으로 무엇을 하면 좋을지 잘 몰랐다. 그래서 무작정 기도원에 올라갔다. 오산리금식기도원

에 가서 응답이 없으면 내려오지 않겠다는 심정으로 금식을 했다. 그럼에도 하나님의 음성을 들을 수 없었고, 결국 주린 배를 안고 집으로 돌아왔다.

허탈한 마음으로 주일날 교회에 갔는데, 한 집사님이 내 신앙 고민을 듣고 선교사인 자신의 동생을 만나 보라며 소개시켜 주었다. 하나님의 특별한 인도하심 속에 나는 선교사님과 가까이 지내게 되었다. 정말 좋은 말씀들을 듣고 은혜로운 신앙 서적들도 소개받았다. 특히 선교사님은 박영선 목사님의 책들을 많이 선물해 주었다.

그렇게 6개월이 지났을 때였다. 주말에 선교사님 댁에 갔더니 뜬금없이 밥을 사 주며 이렇게 말하는 것이었다.

"혹시 내가 다니는 신학교에서 함께 공부 한번 해 볼래? 내 생각에는 하나님이 너를 목회자로 부르시는 것 같아. 너무 두려워하지는 마. 하나님이 모든 것을 책임져 주시니까. 나와 같이 공부해 보자."

나는 그렇게 신학교에 가게 되었다. 신학교 수업은 찬양을 부르고 시작했는데, 첫 시간에 바로 이 찬양을 불렀다.

주님과 같이/ 내 마음 만지는 분은 없네/ 오랜 세월 찾아 난 알았네/ 내게 주밖에 없네/ 주 자비 강같이 흐르고/ 주 손길 치료하네/ 고통받는 자녀 품으시니/ 주밖에 없네 하나님의 깊은 임재를 느끼며 이 노래를 부를 때, 하늘의 큰 은혜가 내게 임했다. 성령님이 속삭이듯 말씀하신 것을 기억한다. "아무것도 염려하지 말고 너는 나를 따르라. 내가 너의 삶을 책임져 주겠다."

그 순간을 어떻게 말로 표현할 수 있을까? 그것은 마치 제자리를 찾지 못하고 굴러다니던 돌이 마침내 자기 자리를 찾은 모습이라고나 할까. 그 부르심을 듣고 나의 모든 생활 방식을 버렸다. 주님의 제자가 되기로 마음먹었다. 다니던 학교를 자퇴하고 신학교에 입학해 주의 길을 가게 되었다. 그때 내게 주신 약속의 말씀이다.

> 그러나 무엇이든지 내게 유익하던 것을 내가 그리스도를 위하여 다 해로 여길뿐더러 또한 모든 것을 해로 여김은 내 주 그리스도 예수를 아는 지식이 가장 고상하기 때문이라 내가 그를 위하여 모든 것을 잃어버리고 배설물로 여김은 그리스도를 얻고 그 안에서 발견되려 함이니 내가 가진 의는 율법에서 난 것이 아니요 오직 그리스도를 믿음으로 말미암은 것이니 곧 믿음으로 하나님께로부터 난 의라 (빌 3:7~9)

최근 신학교에서 한 교수님을 만났다. 교수님은 젊은 신학생들에 대한 걱정이 많았다. 기성세대의 입장에서 볼 때 다소 열정이 떨어져 보이기 때문이라고 말했다. 그런데 정말 젊은 세대가 기성세대보다 열정이 약하거나 믿음이 부족한 것일까? 나는 그렇게 생각하지 않는다.

기성세대는 전후 국가 재건 시대에 태어나 열심히 살면 좋은 결과를 기대할 수 있는 시간을 살았을지 모른다. 하지만 지금 상황은 그때와는 다르다. 이제 성장 시대를 지나 저성장 시대를 통과하고 있다. 그때와 지금을 비교하는 것은 성경 시대와 현시대를 비교하는 것만큼 어려운 일이다. 사람들의 학력 수준이나 의식 수준도 천양지차이다.

젊은 세대는 기성세대와 다른 그들만의 시대적 소명이 있다. 그들은 글로벌하고 창의적이다. 교회보다 하나님 나라에 더 관심이 많다. 목회보다 제자의 삶을 살아 내기 원한다. 교회에서 일을 하지만 열정 페이는 싫어한다. 기성세대처럼 무조건 강요하는 희생보다 일에 대한 충분한 보상과 정당한 대가를 요구하기도 한다.

작가 백세희의 『죽고 싶지만 떡볶이는 먹고 싶어』를 보면 이런 젊은 세대의 특성을 쉽게 살펴볼 수 있다. 그들은 진솔하고 솔직한 것을 좋아하는 문화에 익숙해져 있다. 기성세대의 획일화된 권위주의보다는 유니크한 개인주의, 사생활, 공감 능력, 친밀한 언어, 직관이나 느낌을 중요시한다. 급변하는 시대를 살아가다 보니 미래보다 현재를 더 우선한다. 공과 사를 명확히 구분하고 틀에 갇힌 것을 싫어하며 자기표현을 적극적으로 한다.

하나님은 우리의 약점조차 강점으로 사용하실 때가 많다. 특히 예수님의 제자들을 보면 그러한 것을 느낀다. 인간적으로 볼 때 예수님의 제자들은 정말 부족한 것이 많아 보인다. 누군가가 "예수님처럼 사업을 하거나, 야구팀을 꾸렸다면 열두 번은 망했을지도 모른다"라고 한 것은 틀린 말이 아니다. 그만큼 예수님의 제자들은 기질이나 성격에 있어 각기 달랐다.

> … 이 열둘을 세우셨으니 시몬에게는 베드로란 이름을 더하셨고 또 세베대의 아들 야고보와 야고보의 형제 요한이니 이 둘에게는 보아너게 곧 우레의 아들이란 이름을 더하셨으며 또 안드레와 빌립과 바돌로매와 마태와 도마와 알패오의 아들 야고보와 및 다대오와 가나나인 시몬이며 또 가룟 유다니 이는 예수를 판 자더라 (막 3:13~19)

중요한 것은 하나님이 외모나 자격을 보고 우리를 부르지 않으신다는 사실이다. 하나님은 쓸모없는 인생들을 불러 쓸모 있게 만드셨다. 그래서인지 처음에 예수님의 제자들은 좌충우돌하기도 했다. 그들은 조직이나 제도 같은 것이 없는 오합지졸처럼 보이기도 했다. 하지만 성령이 오셔서 그들을 변화시키자 그들은 하나님의 뜻에 순종하는 사람이 되었다. 하나님 한 분만 바라보며 살아가는 제자의 삶을 살 수 있게 된 것이다.

### 부르심에 항상 신실해야

얼마 전 일본 선교사님이 교회에서 귀한 말씀을 전해 주었다. 무신론자였던 자신이 어떻게 선교사가 되었는지 지나온 삶을 나누었다.

선교사님은 아내를 통해 예수님을 만나서 신학교에 들어가 일본 선교의 부르심을 받았다. 처음에는 두려운 마음이 컸다고 한다. 청빙을 받은 현지인 교회가 빚이 많아 아주 어려운 상황이었다. 게다가 성도들은 모두 일본인이다 보니 의사소통마저 쉽지 않았다. 하지만 기도할 때 믿음을 주셔서 순종하며 나아갔다. 그렇게 힘든 일본 선교를 한 기간이 어느덧 20년이 지나가면서, 그 많던 빚도 모두 갚게 되었다.

그러던 어느 날 새벽기도를 하는데, 하나님이 '이곳은 안정되었으니까 이제 다른 곳으로 가면 어떻겠냐'라는 마음을 주셨다고 한다. 이를 가족 앞에서 나누자 한사코 반대했다. 아직 아이들이 어려서 그럴 수 없다는 것이었다.

그날 이후 사모님이 원인 모를 병에 걸려 응급실로 실려 가는 일이 발생했다. 의사를 포함해 아무도 정확한 병명을 알 수 없었다. 그때 사모님은 병상에서 서러울 정도로 눈물을 흘렸다고 한다. 자신이 아픈 이유를 하나님이 알게 하셨던 것이다. 사모님이 "주님 회개합니다. 주의 말씀에 순종할게요"라고 말하자, 신기하게도 몸이 아프지 않았다고 한다. 선교사님은 주일 설교에서 이 이야기를 나누면서 제자도가 무엇인지 설명했다.

나는 목사이지만 하나님의 부르심을 도통 이해하기 힘들 때가 많다. 어느 때는 가라 하시고, 어느 때는 멈추라고 하신다. 어느 때는 붙잡으라 하시고, 어느 때는 내려놓으라고 하신다. 어느 때는 세우라고 하시고, 어느 때는 다 주고 떠나라고 하신다. 바울은 이러한 하나님의 인도하심을 다음과 같이 설명한다.

> 기록된 바 내가 지혜 있는 자들의 지혜를 멸하고 총명한 자들의 총명을 폐하리라 하였으니 지혜 있는 자가 어디 있느냐 선비가 어디 있느냐 이 세대에 변론가가 어디 있느냐 하나님께서 이 세상의 지혜를 미련하게 하신 것이 아니냐 하나님의 지혜에 있어서는 이 세상이 자기 지혜로 하나님을 알지 못하므로 하나님께서 전도의 미련한 것으로 믿는 자들을 구원하시기를 기뻐하셨도다 (고전 1:19-21)

바울은 왜 복음을 "미련한 것"이라고 표현했을까? 세상이 하나님의 지혜를 모르기 때문이다. 하나님의 지혜가 현실을 살아가는 데 큰 도움이 안 된다고 여기기 때문이다.

바울의 이야기를 듣는 고린도교회가 처음부터 하나님의 지혜를 멀리했던 것은 아니다. 그들은 사도 바울의 복음을 듣고 전도의 미련한 것으로 행복하게 잘 살았다. 그러나 시간이 지나면서 점차 세상 가치관의 영향을 받았고 은혜보다 율법적인 생활을 하게 되었다.

한마디로 하나님을 향한 믿음이 연약해졌다고 말하는 것이 더 정확하다. 그들은 신앙생활을 잘 하다가 거짓 교사들로 인해 세상의 지혜를 가지고 하나님을 섬기고자 한 것이다. 이러한 교회의 위기를 바라보며 바울은 교회 성도들에게 다시 십자가의 길로 돌아갈 것을 촉구하고 있다. 믿음은 부르심에 항상 신실한 것과 같기 때문이다.

친구 집에 놀러 갔다가 아주 특별한 책을 본 적이 있다. 별 생각 없이 친구를 따라 서재에 갔다가 발견한 책이다. 그 제목이 『네가 목사냐』이다. '세상에 뭐 이런 책도 다 있나' 하고 별 기대감 없이 책장을 넘겨 살펴보니 은혜의 복음에 관해 말하고 있었다.

친구의 귀띔으로 알게 되었지만 그의 아버지는 아름답게 은퇴한 원로 목회자였다. 한평생 주님 앞에서 목회를 잘 마친 분이 이 책을 쓴 것은 나름 이유가 있었다. 그의 아버지는 책에서 자랑보다 자신의 부족한 모습을 깨알같이 써 내려갔다. 목회는 자신이 아니라 하나님이 모두 하셨다고 찬양하고 있었다. 자신은 아무것도 아니며 죄인에 불과하다고 고백하고 있었다. 부족한 자신을 부르시고 하나님의 종으로 사용해 주셨다는 사실에 감사하다는 내용이 대부분이었다.

사실 그분은 아주 유명한 목사님이었다. 주변 사람들에게 존경받고, 오랜 시간 목회를 하다가 아름답게 잘 마무리했다. 그럼에도 자신은 아무것도 한 일이 없다고 고백했다. 모든 것은 하나님이 하셨으며 자신은 아무것도 아니라고 이야기했다. 왜 그렇게 할 수 있는가? 바로 하나님이 우리에게 베푸신 갚을 수 없는 사랑 때문이다.

    세상은 이렇게 살아가는 우리가 이해가 안 될지 모른다. 하지만 하나님의 은혜로 살아가는 자라면 누구나 해같이 빛난 주님 앞에 설수록 더욱 자신의 부족함을 느낄 뿐이다. 그래서 책 제목을 '네가 목사냐'라고 붙인 것이다. 집으로 돌아오며 나는 '네가 목사냐?'라는 질문에 대한 대답은 믿음의 길을 가는 제자만이 할 수 있는 것임을 새삼 느끼게 되었다.

## 직업목사의 반성문
**1**

하나님 죄송합니다. 제가 가짜 목사였습니다. 자격 없는 저를 은혜로 불러 주셨음을 잊어버리고 제가 뭔가 된 줄로 착각하며 살아왔습니다. 거룩한 부르심을 모르는 저와 같은 직업목사로 인해 한국 교회가 어려워졌습니다. 주어진 부르심에 감사하기보다 하나님의 소명을 소홀히 하였던 죄를 회개합니다. 저를 불러 주신 하나님의 뜻을 모르고 제 야망과 성공을 위해 사역했던 죄를 용서해 주십시오. 다시 첫사랑으로 돌아가 저를 부르신 자리에서 복음의 사명을 다하게 해 주십시오. 우리를 부르신 자리가 도시, 농촌, 어촌, 산촌은 물론 타 문화 지역이라 해도 그곳에서 하나님만 의지하여 살아가게 해 주십시오. 예수님의 이름으로 기도합니다. 아멘.

### 목사와 소명
**1**

## 원예사인가
## 목사인가

종교개혁 시대 목회자들은 생각보다 가난했다. 가톨릭에 비해 재산이 없어 열악한 상황에서 목회를 감당해야 했다. 교회가 주는 사례는커녕 생계유지도 할 수 없었다. 목사는 교회가 제공해 준 사택 옆 조그만 텃밭을 가꾸며 거기에 채소를 심고, 꽃밭을 만들어 시장에 내다 팔아야 겨우 생활할 수 있었다. 목사인 동시에 원예사로 살 수밖에 없었다. 시간이 많아서라기보다 궁여지책으로 그렇게 하지 않으면 가족이 살 수 없었다.

그런 상황이었지만 개혁교회 목사는 자신의 부르심에 교회를 원망하거나 하나님께 불평하지 않았다. 오히려 그들은 주어진 삶에 감사하며 목회를 감당했다. 세상 부귀보다 하나님을 사랑했다.

시간이 흘러 이러한 환경이 목회자와 그 자녀들에게 축복이 될 줄은 상상도 못했다. 역사를 살펴보면 목회자 가정에서 유독 세계적인 과학자들이 많이 배출되었다. 또한 이중직 목회자들도 채소와 씨앗을 자세히 관찰하다가 원예 전문가로 책을 펴내며 세계적 명성을 얻기도 했다. 더 놀라운 사실은 이중직을 하면서도 중심을 잃어버리지 않고 말씀 연구를 게을리하지 않았다는 점이다. 그들은 원예보다 말씀 선포가 중요하다는 사실을 잊지 않았다.

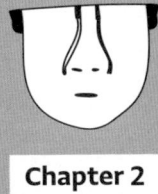

Chapter 2

# 관광객이 된 순례자

건강하던 한국 교회가 급속도로 쇠락한 원인을 살펴본다. 그 핵심 원인은 잘못된 복음과 인간의 공로를 앞세운 율법주의에 있다. 복음을 잘못 가르치는 목사가 믿음을 가장한 성공주의와 번영주의를 복음이라 말하며 많은 사람을 하나님의 구원에서 멀어지게 만들어 버렸다. 이 세상에서 성공하고 잘사는 것을 복음이라 말하며 자기 숭배를 최고의 덕목으로 만들어 버렸다. 왜냐하면 자신의 성공을 자랑하고 자신의 의를 내세우면 사람의 인정을 받을 수 있기 때문이다. 그러나 그것은 사실이 아니며 허구에 불과하다.

# 5
# 목사는 전문 직업인이 아닙니다

> 엘리야가 듣고 겉옷으로 얼굴을 가리고 나가 굴 어귀에 서매
> 소리가 그에게 임하여 이르시되
> 엘리야야 네가 어찌하여 여기 있느냐
>
> **왕상 19:13**

꽤 오래전 일이다. 친구와 함께 캐나다 동부 지역을 여행했다. 초가을의 자연 경관과 킹스턴의 아름다운 천섬(Thousand Islands)을 보는 기분은 가히 최고였다. 아름다운 광경이 눈앞에 펼쳐질 때마다 우리 둘은 동시에 탄성을 터뜨렸다. "우와, 정말 대단하구나. 세상에 천국이 있다면 바로 여기가 아닐까." 그야말로 황홀한 기분을 감출 수 없었다.

하지만 여행의 기쁨도 잠시였다. 장거리 운전에 녹초가 된 친구와 나는 몹시 지쳐 있었다. 쉼이 필요했다. 생각나는 것은 단 두 가지뿐이었다. 빨리 집에 돌아가고 싶었고, 집에서 두 다리 뻗어 자고 싶었다.

우리는 종종 여행을 떠난다. 그런데 똑같은 여행이라도 순

례자와 관광객은 차이가 있다. 어떤 목적을 가지고 여행하는지에 따라 다르다. 순례자는 분명한 목적이 있지만, 관광객은 별다른 목적이 없다. 그저 몸이 가는 대로 누군가의 안내에 따라 움직일 뿐이다. 그런 의미에서 성경은 우리를 향해 '관광객'이 아니라 '순례자'라고 부른다. 분명한 삶의 목적, 하나님의 부르심이 있는 사람들인 것이다.

엘리야는 갈멜산에서 거짓 선지자와 850대 1로 싸워 크게 승리한 선지자. 성경에서도 그만한 믿음의 능력을 가진 인물은 찾아보기 쉽지 않다. 그러나 그는 위대한 승리를 얻은 후 한 순간에 번아웃되었다. 롤러코스터 같은 감정의 기복 탓인지 깊은 영적 침체에 빠져 버렸다.

갈멜산 전투 이전과 이후로 나눌 수 있는 그의 모습은 같은 사람인지 의문이 들 정도로 앞뒤가 너무 대조적이다. 도대체 무슨 일이 있었던 걸까? 그가 쉽게 번아웃된 것은 단순히 육체적 피로 때문만은 아니었을 것이다. 보다 근원적인 이유가 있었을 것이다. 성경은 그가 은혜로 시작했다가 율법으로 마치려 했기에 실족하여 번아웃되었던 것임을 밝히고 있다.

하나님은 엘리야보다 미리 앞서서 하나님의 구원 계획을 이루어 가고 계셨다. 하사엘과 예후에게 기름을 붓게 한 뒤, 7천 명의 남은 자들과 엘리사를 통해 엘리야의 사역을 계승하게 만들려고 하셨다. 그러나 안타깝게도 엘리야는 이러한 하나님의 뜻을 인정하지 못했다. 뭐든지 자기의 손과 자신의 행위로 이루어져야 된다고 믿고 있었다.

이것을 소위 메시아 콤플렉스(Messiah complex)라고 말하지 않는가? 엘리야는 하나님께서 보여 주신 분명한 사명을 놓친 채 길을 헤매고 있었다. 이러한 모습은 사실 엘리야에게만 나타나는 것이 아니다. 엘리야와 같은 기질과 생각을 가진 현대 교회의 목사들에게도 동일하게 반복되어 나타나고 있다.

레너드 스윗(Leonard Sweet)은 『미래 교회 성공 키워드 A to Z』에서 이 세상의 교회를 네 가지 유형으로 분류한 바 있다.

첫 번째 사명형 교회(Mission Church)이다. 이는 교회의 본질이 세상으로 보냄을 받는 사명에 달려 있다고 믿는 교회를 의미한다. 두 번째는 사역형 교회(Ministry Church)이다. 이는 사역과 프로그램 중심으로 돌아가는 교회를 의미한다. 세 번째는 관리형 교회(Maintenance Church)이다. 이는 현상 유지와 건물 관리에 우선순위가 있는 교회를 가리킨다. 네 번째는 박물관형 교회(Museum Church)이다. 이는 오래된 전통만을 강조하고 과거의 영광에 도취되어 있는 교회를 나타낸다.

그의 책을 읽던 중에 그 내용을 나에게 적용해 보고 싶은 충동이 생겼다. 교회는 건물이기보다는 사람이기 때문이다. 그렇게 적용했더니 다소 충격적인 결과가 나왔다. 첫째, 하나님의 사명으로 불타오르는 나(사명형 목사). 둘째, 은혜를 모르고 기계처럼 일만 하는 나(사역형 목사). 셋째, 모험과 도전 없이 웰빙 기독교만 추구하는 나(관리형 목사). 넷째, 과거만 생각하고 미래로의 변화를 두려워하는 나(박물관형 목사). 이 넷 중 나는 어디에 가까운 목회자일까?

돌아보면 서른여덟 무렵 목사로서 아주 깊은 슬럼프에 빠진 적이 있었다. 그때만 생각하면 지금도 다리가 후들거릴 정도로 끔찍한 순간이었다. 아마 하나님이 간섭하지 않으셨다면 나는 영원히 그 침체에서 빠져나오지 못했을지도 모른다.

도대체 무엇 때문에 그런 번아웃을 경험해야 했을까? 당시는 주일예배를 잘 드리고 월요일 새벽예배도 꾸준히 인도하고 있던 때였다. 새벽예배 설교가 끝난 후 평소처럼 자리에서 개인기도를 하는데 마음 한편에서 눈물을 흘리는 나 자신을 보게 되었다. 울 일이 있을 때 흘리는 눈물이라면 당연한데, 이번에는 좀 달랐다. 생각과 눈물과 몸이 제각각 따로 놀고 있었다.

갑자기 목사인 내가 지금 왜 여기 있으며, 무엇을 위해 존재하는지 혼란스러웠다. 한때는 열정적으로 사역했으나 지금은 너무나 초라해 보였다. 그런 침체에 빠지게 된 원인은 다른 게 아니었다. 하나님과의 사귐과 교제가 없이 일만 하고 있었기 때문이다. 그저 주어진 사역과 일이 우상이 되어 해치우기 식으로 사역하고 있었기 때문이다.

그날의 눈물은 내가 울고 싶어서 운 게 아니라 내주하시는 성령님이 탄식한 것으로 보였다. 십자가의 복음을 잃어버리고 은혜 없이 사역하고 있던 한심한 목사였기 때문이다. 아마도 어린 예수님을 성전에서 잃어버리고도 전혀 눈치채지 못했던 예수님의 일가족 같았는지도 모르겠다(눅 2:43~44).

　더 큰 문제는 나를 제외하고 이러한 내 상태를 눈치챈 사람이 아무도 없다는 데 있었다. 성도들도 모르고 가족도 모르고 아내도 전혀 알지 못했다. 다른 사람을 속이는 데 능수능란하고 겉으로는 거룩한 목사인 척 연기하며 사역했기 때문인지 모른다. 모든 사역이 그럭저럭 잘 돌아가고 있었기 때문인지도 모른다. 그런데 하나님을 속일 수는 없었다. 내 마음이 그토록 불안하고 두려웠던 것은 난생처음이었다.

　내 사역에 침체가 찾아온 것은 방향을 잃어버렸기 때문이었다. 정확하게 말해서 하나님보다 다른 것에 더 관심이 많았다. 사명 없이 사역하는 내 몸은 기계처럼 돌아갔다. 내가 그렇게 눈물을 흘린 이유는 방향을 모르고 속도만 내며 질주하는 인생을 살았기 때문이다. 그러나 이것은 내 인생을 향한 하나님의 계획이 아니었다. 하나님은 일로서 나를 부르신 것이 아니었기 때문이다.

# 6
## 하나님이 주인 되어 주실 때

> 형제들아 너희를 부르심을 보라
> 육체를 따라 지혜로운 자가 많지 아니하며
> 능한 자가 많지 아니하며
> 문벌 좋은 자가 많지 아니하도다
> **고전 1:26**

　무더운 여름 소나기가 한바탕 쏟아진 후, 아웃리치 답사를 위해 공동체 임원들이 모여 서로를 기다리고 있었다. 정시가 되어 만나기로 한 장소와 시간에 모든 사람이 왔을 때 내가 기도하고 차에 탑승하여 방문할 교회를 향해 출발했다.

　그 교회 목사님과 장로님은 일찍 나와 우리 일행을 환대해 주었다. 먼 길 오느라 수고했다며 푸짐한 점심과 맛있는 다과도 대접해 주었다. 식후 본격적인 사역 논의를 위해 우리는 담임목사 사무실로 이동했다. 그런데 회의하기 전부터 그 교회 대표 장로님으로 보이는 분이 일어나 뜬금없이 담임목사님을 입이 마르도록 칭찬하기 시작했다. "우리 교회 목사님은 하나님이 보내 주신 아주 특별한 분"이라며 자랑했다. 그것도 무려

1시간 동안 말이다.

알고 보니 그 교회는 청빙 과정에 아주 재미있는 사연이 있었다. 새로운 담임목사를 뽑기 위해 최종 후보를 다섯 명으로 추렸다. 그리고 마침내 당회 전체가 모여 함께 기도하고 최종 후보를 선정했다. 여기까지 모든 게 순리대로 흘러가는 듯했다. 하지만 집에 돌아온 청빙위원장이 실수로 뽑힌 사람이 아닌 다른 목사에게 전화를 하고 만 것이다. 이것을 몇 주가 지나 알게 되어 다시 물릴 수도 없는 난처한 상황이 되어 버렸다.

이 교회가 특별한 점은 이 일을 매우 성숙하게 대처했다는 점이다. 실수로 뽑힌 목사님도 하나님의 뜻이니 이것을 받아들이자고 한 것이다. 그래야 청빙위원장의 실수로 교회가 분열되지 않을 거라고 여겼다. 그야말로 청빙 과정에 인간이 한 게 하나도 없으니 하나님의 은혜라고밖에 표현할 길이 없었다.

우리는 돌아오는 길에 차 안에서 이것에 대해 나누며 풍성한 은혜를 경험했다. 모두가 그 이야기를 듣고 자신의 인생을 돌아보니, 우리의 삶도 하나님의 은혜를 빼놓고는 설명할 수 없다는 데 동의하게 되었다. 하나님의 은혜는 나의 생각과 계획을 뛰어넘어 찾아오는 경우가 많다. 하나님은 우리의 고정관념과 선입견을 초월해 일하시는 경우가 많기 때문이다.

예컨대 하나님은 왜 가장 쓸모없는 자를 불러내어 쓸모 있는 자로 살게 하시는 것일까? 하나님은 왜 세상에서 가장 보잘것없는 이스라엘 민족을 사용하여 온 세상을 구원하려 하셨을까? 은혜를 빼놓고 설명할 길이 없다. 인간의 노력이 아닌 은혜일 때만 하나님의 큰 영광이 드러나기 때문은 아닐까?

### 하나님의 러브 스토리

2013년에 제작된 〈플랜맨〉이라는 영화를 아주 재미있게 본 적이 있다. 이 영화는 주인공이 어릴 적 상처로 인해 '성인아이'로 살아가는 이야기이다(동시에 우리의 이야기이기도 하다). 주인공은 모든 일에 계획적인 사람이다. 결벽증 때문에 모든 것이 청결해야 하고, 모든 것이 정리정돈되어 있어야 하는 남자여서 여자들에게 인기가 없다. 그의 독특한 라이프스타일은 사회생활을 하는 데도 큰 약점으로 작용했다.

그러던 어느 날 그에게 사랑하는 여자가 나타난다. 그녀는 남자의 생활 방식과는 전혀 맞지 않는 톰보이(Tomboy) 같은 여자였다. 전혀 예상하지 않았던 한 여성이 나타나면서 그의 삶은 송두리째 변하게 된다. 서로 알아 가는 과정 가운데 완전한 사랑을 하게 되는 것이다. 계획에도 없는 여자가 나타나 자신의 운명을 바꾸어 버리는 러브 스토리, 마치 하나님이 우리를 일방적으로 찾아오셔서 사랑하는 방식과 비슷하지 않은가?

나는 이 영화를 보며 나를 보는 것 같았다. 전혀 다른 두 사람이 사랑에 빠지는 모습을 보며 하나님과 내 모습처럼 보였다. 자격 없는 나를 사랑하시는 하나님의 은혜가 물씬 풍겨 나는 영화여서 무척 흥미로웠다.

성경 속에 나타난 하나님의 러브 스토리도 이런 연인 관계와 같다고 볼 수 있다. 내가 세상에서 잘나갈 때는 안 나타나다가, 되는 일이 하나도 없고 속상할 때만 꼭 내게 찾아오셔서 나를 사랑한다고 말씀하시니 속이 터질 지경이다.

이러한 사랑 이야기는 도대체 무엇을 가르치려 하는 것일까? 인생은 내 힘으로 사는 것이 아니라 오직 하나님의 은혜로 사는 것임을 가르쳐 주기 위함이다. 성경에서 이것을 가장 잘 보여 주는 인물은 모세일 것이다.

성경은 모세가 120년을 살았다고 한다. 40세까지는 애굽의 왕실에서, 80세까지는 미디안 광야에서, 120세까지는 이스라엘 백성과 광야에서 생활했다.

처음에 그는 의기양양했다. 애굽의 왕자로서 자신이 뭔가 대단한 존재인 듯 생각했던 것이다. 하지만 그의 인생은 곤두박질하여 미디안 광야로 도망치는 신세가 되었다. 자신의 힘을 자랑하고 자기의 의를 내세울 때는 그러했다. 그리고 40년간 그곳에서 아무것도 아닌 자로 외롭게 지내야 했다. 사람도 만나지 못했고, 대화의 상대도 없었다.

그렇게 존재감 없이 살아가던 어느 날, 모세는 호렙산에서 이상한 광경을 보게 되었다. 가시떨기 나무에 불이 붙었는데 그 불이 꺼지지 않고 계속 타고 있던 것이다. 너무 신기했다. 좀 더 가까이 가서 보려 할 때, 하나님이 나타나 "네가 선 곳은 거룩한 땅이니 네 발에서 신을 벗으라"(출 3:5)라고 하셨다. 고대 세계에서 신을 벗는 것은 특별한 행동을 의미했다. 그것은 주인 앞에서 종이 충성을 맹세할 때 보여 주는 행위였다.

하나님은 모세에게 사명을 맡겨 주신다. 내 백성 이스라엘을 애굽에서 해방시키라는 사명이었다. 그는 선뜻 하나님의 부르심에 순종할 수 없었다. 자신의 생각에 갇혀 하나님을 신뢰하지 못했기 때문이다. 육체적으로도 나이가 많이 들었다. 그러자 하나님이 더 믿어지지 않았다. 힘이 있을 때는 부르지 않다가, 힘이 사라지니까 자기와 일을 하자고 하니 더 신뢰가 안 되었던 것이다.

그날 모세는 이런 말들로 핑계를 대었을지 모른다.

"하나님, 저는 늙어서 더 이상 갈 수 없습니다. 사람들이 저를 우습게 여길 것입니다. 장로들에게 가 보아도 아무 소용없습니다. 이제 그들은 늙은 제 말을 안 듣습니다. 지난번에도 별수 없었습니다. 저는 남 앞에서 말을 잘 못합니다. 다른 사람을 찾아보십시오."

그런데 이렇게 연약하던 그가 점차 믿음의 거장으로 변해 간다. 홍해 앞에 이르러서는 완전히 하나님의 사람으로 바뀌어 있었다. 출애굽기는 홍해 앞에 서 있는 모세를 다음과 같이 묘사하고 있다.

> 모세가 백성에게 이르되 너희는 두려워하지 말고 가만히 서서 여호와께서 오늘 너희를 위하여 행하시는 구원을 보라 너희가

오늘 본 애굽 사람을 영원히 다시 보지 아니하리라 (출 14:13)

도대체 모세의 삶에 무슨 변화가 일어난 것일까? 자신을 의지해 살아가던 모세에게 하나님은 은혜가 무엇인지 가르치기를 원하셨다. 그런데 그는 계속 하나님을 거부하고 자신의 힘과 노력으로 살고자 했다. 그래서 하나님은 그의 힘을 빼내기 위해 무장 해제시키고 하나님 앞에 나올 때까지 기다려 주셨다. 거룩한 사랑으로써 말이다. 그가 자신의 힘으로 할 수 있다고 할 때는 전혀 도와주지 않다가 "하나님 도와주세요. 나는 아무 것도 아닙니다"라고 할 때는 은혜의 구원을 베풀어 주셨다.

힘들었던 일이 끝나자, 하나님은 모세에게 다가가 조용히 속삭이셨을 것이다. "네 힘으로 살 때는 되는 일이 없었지? 이제부터 너는 나만 바라봐야 해. 내가 너의 삶을 책임져 줄게. 이제부터 나만 바라보면 좋겠구나"라고 말씀하셨을지 모른다.

이것이 모세가 애굽의 삶을 청산하고 하나님의 부르심을 따라 살기로 결정한 주된 이유였을 것이다. 그가 자신을 비우고 하나님 앞에 나오자, 하나님은 그의 인생에 주인이 되어 주셨다. 자신의 힘과 노력을 앞세우거나 자기의 성공을 자랑할 때는 믿음의 역사를 일으켜 주시지 않았다. 자신에 대해 영적인 무가치함을 느낄 때야 비로소 하나님이 그의 인생에 주인이 되어 주셨다.

그렇게 모세는 애굽의 학문과 세상의 학문을 벗어 버리고 변화되어 이스라엘 구원의 선봉장으로 쓰임받을 수 있었다. 한마디로 그는 자신에게 완전히 절망하여 하나님께만 희망을 둔 사람으로 살아야 했다.

## 옛 자아와 거듭난 자아 사이

나는 열아홉 살 무렵 같은 교회 신학생 누나의 전도로 회심을 경험했다. 그날 주님을 만나리라고는 전혀 상상하지 못했다. 뜻밖의 사랑으로 주님이 내게 찾아오신 순간이었다. 부흥회에서 말씀을 들으며 얼마나 많은 눈물을 흘렸는지 모른다.

2천 년 전에 예수님이 나를 위해 죽으신 사실이 믿어지게 되었다. 그분이 나를 만드신 창조주 하나님이며 영의 아버지라는 것도 알게 되었다. 그래서 그렇게 눈물이 났던 것 같다. 어쨌든 그날 이후 새로운 삶이 시작되고 하나님의 임재에 압도되었다. 그렇게 내 마음에 예수님을 주인으로 모시자 정말 행복했다.

하지만 천진난만한 기쁨도 잠시, 그것이 오래 지속되지 못했다. 출애굽 이후 이스라엘 백성이 아말렉과 전쟁을 치르듯 내 안에서 갈등이 일어났다. 애굽에 살 때는 잘 먹고 걱정 없이 살았는데, 예수를 믿고 나니 날마다 영적 전쟁이 일어나고 말았다.

누군가가 세계관의 충돌이라고 말해 주었다. 세상의 지배를 받던 내가 새 생명을 얻으니 옛 자아와 거듭난 자아 사이에 다툼이 일어났다는 것이다. 무늬만 그리스도인이지 속사람은 이제 막 태어난 신생아에 불과했기 때문이다. 정말 생각하는 것과 말하는 것과 성품이 여전히 옛사람에 머무르는 것 같았다.

옛사람의 잔재로 몸부림치던 어느 날, 교회에서 내적 치유 세미나가 열린다는 소식을 듣게 되었다. 처음 경험해 보는 세미나였다. 많은 기대감을 가지고 갔는데 공짜는 없었다. 강사는 참석자들에게 하루 전날 원가족사의 뿌리를 조사하도록 숙제를 내 주었다. 숙제를 제출하지 않으면 강의가 진행되지 않기에 치유받고 싶은 사람은 과제를 제출하라고 강조했다. 할 수 없이 밤새워 일련의 과제를 작성했다.

지나고 보니 이것도 하나님의 은혜였다. 그때 처음으로 어머니와 대화를 나누면서 나의 출생의 비밀을 알게 되었기 때문이다. 그때까지 몰랐던 원가족의 판도라 상자가 열릴 줄 어떻게 알았겠는가? 그때 내적 치유를 위한 원가족사의 과제로 제출한 내용을 요약해 보면 다음과 같다.

하나, 나는 2남 1녀 중에 막내로 태어났다. 나를 임신할 무렵 가정 형편이 어려워졌다. 그래서 어머니는 원치 않는 임신으로 얻게 된 나를 지우기 위해 여러 병원을 다녔다. 하지만 돈이 부족해 지울 수 없었다. 어머니는 그 이야기를 하며 나에게 용서를 구했다. 나는 어머니를 용서하며 기도했고, 거절감의 상처와 열등감의 상처가 치유되는 것을 경험했다.

둘, 성장 과정에서 크게 상처를 받은 적이 있다. 초등학교

2학년 무렵 아버지의 사업이 힘들어 무척 고생하고 있던 때였다. 그러한 상황도 모르고 나는 생일 파티를 열고 싶다며 집에 친구들을 초대해 시끄럽게 떠들었다. 아버지는 역정을 내며 "모두 나가 버려"라고 소리를 질렀고, 그로 인해 나는 커다란 수치심을 느꼈다. 그때 이후 지금까지 케이크를 잘 먹지 않는다. 무의식에 나는 사랑받을 자격이 없고 쓸모없는 존재라는 생각이 깊이 파고들었기 때문이다.

셋, 가정 형편이 어려워 할머니의 손에서 크던 시절이 있었다. 할머니는 유독 나를 미워했다. 처음에는 그 이유를 잘 몰랐다. 나중에 알고 보니 할머니가 딸을 고생시키는 아버지를 싫어했는데, 내가 아버지를 꼭 닮았기 때문에 미워한 것이었다. 할머니가 돌아가시기 직전에야 그 이유를 듣게 되었다.

넷, 중학교 2학년 때 짝꿍 친구가 교통사고로 그만 사망하는 일이 벌어졌다. 한동안 내 옆자리는 비어 있었다. 그 일로 인하여 나는 오랫동안 친구를 그리워하며 밥을 먹지 못했다.

이것이 내가 하나님을 만나기 전 주요 원가족사였고, 이 안에서 자연인의 모습이 자라고 있었다고 강사는 말해 주었다. 은혜로 구원을 받았다 하더라도 옛 자아와 성품들의 잔재가 치유되지 못하면 새 생명이 자라지 못할 수도 있다. 우리는 질그릇에 담긴 보화를 가진 자들이기 때문이다.

옛 자아, 옛 성품과 결별하지 못하게 되면 육신의 생각이 성령의 생각에 영향을 미치기 쉽다. 위대한 구원 이후 지속적인 자유와 해방을 누리지 못하고, 포로 된 자로 억압되어 살아가게 만든다. 내가 영화 〈플랜맨〉에서 인상적으로 본 것도 어릴 적 상처가 치유되지 않으면 성인이 되어서도 영향을 받는다는 부분이었다.

하나님은 우리가 그렇게 살아가기를 원하지 않으신다. 믿음 안에서 옛사람의 그림자를 치유하기를 원하신다. 따라서 예수를 믿고 구원을 받았다는 것은 옛 자아와 성품들을 복음 안에서 치유해 나간다는 것을 의미한다.

어쩌면 모세도 어릴 적 상처가 성장 과정에 강하게 남아 있었는지 모른다. 그도 어린 나이에 거절감을 경험했기 때문이다. 아무리 세상적으로 좋은 환경에서 자랐을지라도 어릴 적 거절감이 사라지지는 않았을 것이다. 그로 인해 강한 자아가 형성되고, 힘이면 된다는 권력 지향적 생각을 품고, 자기 뜻이 관철되지 못하면 쉽게 분노했는지도 모른다. 이것이 내적으로 모세가 무엇이든 할 수 있다는 교만의 씨앗을 갖게 되는 환경이 되었던 것이다.

하지만 하나님이 주인으로 오시자 그의 옛사람은 완전히 무너져 버리고 말았다. 그의 육신적 생각은 유리그릇처럼 산산조각 나 버렸다. 그의 옛 생각은 미디안 광야에서 흩어져 버렸다. 하나님 외에는 아무도 도울 수 없다는 사실을 알고 자신이 아무것도 아니라는 것에 눈을 떴다. 바로 그때 하나님은 꺼지지 않는 하나님의 불을 그에게 보여 주셨던 것이다.

### 나의 모든 것을 아시는 전문가

목회자가 되어서도 끈질기게 나를 따라다녔던 옛 성품은 불신이었다. 기본적으로 나는 사람을 잘 신뢰하지 못했다. 어릴 적 거절감이라는 트라우마로 인한 것인지는 모르지만 미래에 대해 두려움이 많았던 것 같다. 일어나지 않은 일에 감정의 기복이 심했던 것도 이러한 불신 때문이라는 것을 내적 치유 시간에 성령님은 알게 하셨다.

이러한 성향은 자연스럽게 하나님의 말씀을 신뢰하지 못하게 만들었다. 하나님 중심이 아니라 나 중심적인 신앙생활을 하게 만들었던 것이다. 다른 사람을 잘 믿지 못하는 성격 탓에 다른 사람보다 몇 배는 준비를 많이 하는 버릇도 있었다. 이것은 구원의 자유함을 잃어버리게 만들고 하나님만 바라보지 못하게 만드는 독이 되고 말았다.

신학교 시절 교회의 사역에 초대받아 간 적이 있었다. 첫 사역이라 약간 긴장하고 떨렸다. 하지만 실력은 없어도 열정만은 뜨거웠다. 나는 며칠 전부터 금식하고 기도로 준비했다. 다만 한 가지 문제가 있었는데 사역 대상이 중고등부 학생이었다는 것이다. 기도하면 할수록 외모와 옷에 더 신경을 쓰게 되었다. 사춘기 아이들은 외모에 민감했기에 나는 옷 하나를 달라고 기도하기 시작했다. 그 당시 나는 유학생 신분으로『5만 번 응답

받은 조지 뮬러의 기도』라는 책에 심취해 반복해서 읽고 있었기 때문이다.

"하나님, 저에게 멋진 바지 하나만 주십시오. 지금의 남루한 옷으로는 학생들 앞에 은혜를 끼칠 수 없습니다. 제 모습이 가난한 유학생이라는 게 너무 티가 납니다."

간절히 금식하며 기도했고 그렇게 2~3일을 보냈다. 하지만 수련회 당일까지 아무 일도 일어나지 않았다. 나는 실망했고 조지 뮬러의 기도가 틀렸다고 생각했다. 할 수 없이 내 기도와는 반대로 입기 부끄러웠던 남루한 옷으로 학생들 앞에서 서게 되었다. 그렇게 그곳의 사역을 감당했다.

사역을 마치고 파김치가 되어 기숙사로 돌아오는데, 내 메일 박스에 뭔가가 보였다. 열어 보다 나는 눈을 의심하여 깜짝 놀라고 말았다. 403번 메일 박스, 분명 내 박스에 캘빈클라인 청바지 하나가 편지와 함께 돌돌 말려 있는 것이 아닌가? 그 편지 안에는 이런 글이 적혀 있었다. "나는 너를 사랑한다."

분명 누구에게도 옷 이야기를 꺼낸 적이 없었다. 기숙사 방에 도착하자 순간 눈물이 났다. 내 기도가 너무 부끄러웠기 때문이다. 그때 질문이 하나 떠올랐다.

'하나님, 그런데 이거 하나는 꼭 물어보고 싶습니다. 왜 수련회 가기 전에 안 주시고 지금 주시는 겁니까?'

그때 성령님은 이런 마음을 주셨다.

'너는 사람 앞에서 잘 보이려 하지 말아야 한다. 오직 내 앞

에서 온전하라.'

그때 신앙생활에서 하나님만 의지하는 것은 생각보다 쉬운 일이 아니라는 것을 알았다. 옛사람의 생각을 포기하지 않으면 거의 불가능하다고 보면 되었다. 성령의 생각에 순종하는 것은 육신의 생각이 사라질 때만 가능하다.

출애굽을 한 이스라엘 백성이 약속의 땅에 들어가서도 믿음의 순종을 해야 했던 것처럼, 구원 이후 생명이 계속 자라 가려면 내 안에 숨어 있는 옛 자아와 성품들을 발견해 하나씩 제거해 나가야 한다. 그것이 칭의 이후 성화의 삶이며 성령의 도움으로 책임 있게 감당해야 하는 몫인 것이다. 하나님이 내 인생의 주인이 되지 못하도록 방해하는 육신의 생각들과 결별해야만 되는 것이다.

부르심을 받은 목회자라면 더욱더 그러하다. 하나님은 내가 잘나서 부르신 게 아니라 못나서 부르셨다고 보는 게 옳다. 성공했기 때문에 나를 사용하시는 게 아니라 아무런 조건 없이 나를 사용하시겠다는 것이다. 이는 구원의 능력이 오직 하나님에게만 있음을 알게 하시기 위해서이다.

내 인생에서 그렇게밖에 해석이 안 된다고 느껴질 때가 한두 번이 아니었다. 신학교에서 정말 놀랐던 것은 하나님이 부르신 사람은 예외 없이 특별한 부르심이 있었다는 사실이다. 도저히 내 힘으로는 살 수 없는 인생의 막다른 길목으로, 코너로 몰아 선지 동산에 오게 하셨음을 알 수 있었다.

하나님의 크신 구원을 경험하고 부르심을 받은 자가 그 사실을 잊어버리고, 구원의 하나님을 지속적으로 바라보지 못할 때 사역에서 쉽게 무너지는 것을 보게 된다. 그 이유를 존 파이퍼(John Piper)는 『나의 목회자 형제들에게』에서 다음과 같이 말하고 있다.

> 이 시대에 유행처럼 퍼지고 있는 목회 전문가가 되려는 생활 방식을 조심하지 않으면 안 됩니다. 성공의 욕망, 계산적이고 경영학적인 마인드, 넉넉한 사례에 대한 것을 극복하고 어린아이 같은 마음, 온유한 마음, 선지자의 마음을 가지고 복음의 진리를 위해 살아가야 합니다. 하나님의 뜻대로 우리가 부름을 받았다면 언제든지 우리의 뜻을 하나님의 계획에 맞출 수 있어야 합니다.

한마디로 말해서 내가 전문가가 아니라 하나님이 전문가가 되어야 한다는 것이다. 자격 없는 나를 불러 주신 하나님 앞에 항상 '나는 아무것도 아닙니다. 나는 아무것도 할 수 없습니다'라는 고백이 나와야 한다. 그리고 하나님이 주인 되는 삶을 살아야 한다. 하나님이 모든 것을 아시고 인도하시는 분이기 때문이다.

# 7
## 목사의 길, 목사의 성<sup>Castle</sup>

> 여호와는 나의 목자시니
> 내게 부족함이 없으리로다
> **시 23:1**

신학교 시절 설교학 수업 시간이었다. 교수님이 학생들 앞에서 목사의 소명에 관해 가르치다가 이렇게 말했다.

"제군들, 지금 어떤 길을 가고 있는지 알고 있는가? 목사의 길을 간다는 것은 하나님의 성안으로 들어가는 것과 같다네. 자네들이 그 성에 들어가면 성주가 계시는데, 목사는 평생 그분을 바라보며 살아가는 것이라네. 절대로 뒤돌아보면 안 되는 길이 목사의 일생이라네."

처음 이 말을 들었을 때는 기분이 좋지 않았다. 하나님을 중세 봉건 시대의 고집 센 영주처럼 묘사했기 때문이다. 유연함이 없고 소통 불가한 노인처럼 말이다. 하지만 인생을 살면 살수록 교수님의 말씀이 옳다는 것을 알게 되었다. 그 비유가 시편

23편을 집약해서 말해 주기 때문이다.

시편에서 다윗은 하나님의 주권과 통치를 목자와 양의 관계로 표현했다. 유목민들에게 목자와 양은 분리할 수 없는 절대 의존 관계였기 때문이다. 하나님은 정말 우리가 의지하기만 하면 불꽃같은 눈으로 우리의 삶을 세밀하게 인도하여 주신다.

### 한 치의 오차도 없는 인도하심

2014년 4월 온 국민이 슬퍼하는 세월호 사건이 일어났을 때였다. 세월호 사건은 우리 사회에 엄청난 파장을 일으켰다. 안전 문제로 그 당시 모든 회식, 수학여행, 체육대회, 일상의 계획들이 줄줄이 취소되었다.

그해 나는 교회에서 단기선교를 준비하고 있었다. 미리 준비하며 서른 명 정도 모였는데 세월호 사건이 일어나자 무산될 위기에 놓이고 말았다. 하지만 기도하는데, 하나님이 꼭 가야 한다는 마음을 주셨다. 평생 선교지에서 수고하는 선교사님을 생각하면 더 그러했다.

여행사에 알아보니 최소 아홉 명이 되어야 파푸아뉴기니에 갈 수 있었다. 갈 수 있을까 염려하고 기도하면서 어렵게 아홉 명을 모았다. 그런데 팀워크가 잘 만들어지는가 싶더니, 출발 며칠 전 한 집사님이 회사 일로 못 가게 되었다고 했다. 아무래도 갈 수 없을 것 같다는 것이다. 이유를 물으니 회사의 중요한 손님이 영국에서 올 예정이었다. 그때 나는 비명을 질렀다.

"안 돼요. 집사님이 못 가면 우리 팀이 못 가요."

"난 몰라요. 회사가 망하면 목사님이 다 책임지세요."

집사님의 말이 나를 두렵게 했지만, 기도하고 믿음의 모험을 감행하기로 했다. 그러자 우리 팀은 이 일로 인해 하나님의 놀라운 계획을 알게 되었다. 그 안에 놀라운 섭리가 숨어 있었던 것이다.

파푸아뉴기니에서 하나님은 한 치의 오차도 없이 신실하게 인도해 주셨다. 모든 게 각본 없는 드라마처럼 움직였다. 공동체에서 마련해 준 1만 불을 선교지에 드리니, 선교사님 내외가 크게 놀랐다. 얼마 전 방송국이 훼손되어 수리가 필요해서 기도했는데, 그 기도하던 금액과 정확히 일치한다는 것이다. 그리고 단기선교 팀원 각자 성격과 기질이 달라 갈등이 있었으나 새벽예배 중에 용서와 사랑도 배우게 하셨다.

특히 놀라운 기적이 모든 아웃리치 일정을 마칠 무렵 일어났다. 파푸아뉴기니는 직항이 없어 우리 일행은 호주 시드니를 경유해 인천으로 가게 되어 있었다. 팀원의 친척이 시드니에 사는데, 우리를 집에 초대하고 싶다고 해서 일부러 그렇게 잡은 것이다. 마지막 날 시드니의 유명한 바비큐 집 '허리케인'에서 모임을 갖는데, 원래 못 올 뻔한 집사님이 급하게 전화를 받으러 밖으로 나갔다. 그리고 얼마 후 다소 황당한 표정으로 식당 안으로 들어왔다.

"집사님, 무슨 일이에요?"

"목사님, 저는 시드니에 2~3일 더 있어야 합니다."

"왜요?"

"서울로 오겠다던 영국의 손님이 갑자기 서울행을 취소하고 시드니로 온다고 하네요."

"집사님, 아웃리치 안 왔으면 어쩔 뻔했어요?"

이 사건은 내게 믿음이란 무엇인지 일깨워 주었다. 성경은 하나님을 믿는 자에게 고난이 없다고 말하지 않는다. 어려움이 피해 간다고 말하지 않는다. 하나님을 믿는 자도 얼마든지 어려움에 직면할 수 있다. 기가 막힌 웅덩이와 사망의 음침한 골짜기를 다닐 수도 있다.

하지만 우리가 세상과 다른 것은 구원의 하나님이 함께하신다는 사실이다. 사망의 음침한 골짜기를 다닐지라도 내 손을 굳게 잡고 함께 거니시는 것이다. 그 순간 왜 성안에 들어가면 성주의 말만 들어야 하는지, 교수님의 말이 이해가 되었다.

"여호와는 나의 목자시니"라는 고백은 단순한 서정적 표현이 아니다. 그것은 하나님 아니면 살 수 없다는 믿음과 헌신의 고백이다. 하나님이 목자가 된다고 해서 눈에 보이는 상황이 내 뜻대로 변하는 것은 아니다. 그럼에도 어떤 고난이 오더라도 하나님만 의지하겠다는 신앙을 고백하는 것이다. 선하신 하나님은 언제나 우리를 더 좋은 길로 인도하신다.

믿음이란 내 생각을 내려놓고 하나님만 의지하는 것이다. 아마도 성경에서 가장 탁월하게 하나님을 의지한 인물은 노아가 아닐까 싶다. 노아의 시대는 영적으로 매우 타락한 시대였다. 정말 악하고 세속화된 사회였다. 그들은 물질을 사랑했고 이성적 사고를 중요시했다.

그런 시대에 하나님은 노아를 향해 메마른 날 방주를 만들라고 지시하셨다(창 6:14). 게다가 배의 키나 창문이 없게 만들어야 했다. 이것은 누가 들어도 순종하기 어려운 명령이었다. 하지만 노아는 믿음으로 순종한다. 이것이 믿음의 세계다. 순종한 만큼 하나님의 성품을 이해하고 인도받을 수 있는 것이다.

하루는 심방을 하는데 권사님이 기도를 요청했다. 대가족에서 태어난 권사님은 '가지 많은 나무에 바람 잘 날 없다'면서 어렵게 이야기를 꺼냈다. 권사님 가족은 지금 한 형제의 문제로 아주 힘든 상태에 있었다. 다른 형제자매들이 다 잘되어 가는데 유독 한 형제만 사업에 큰 실패를 했기 때문이다. 그 형제가 모친과 함께 지내며 힘들게 한다는 소식이 들려온 것이다.

권사님의 어머니에게는 땅이 있었다. 거의 가치도 없이 오랫동안 팔리지 않는 묶여 있는 땅이었다. 그런데 그 형제가 모친의 땅을 형제들에게 사라며 귀찮게 하고 있었다. 그래서 권사님이 사 주었다. 별생각 없이 화평을 위해 그렇게 행동했다. 그것 때문에 기도를 요청한 것이다.

하나님이 권사님의 중심을 보셨던 것일까? 갑자기 권사님의 땅값이 천정부지로 오르게 되었다. 그 자리에 도로가 생기며 노다지 땅이 되어 버렸기 때문이다.

나는 이것이 예수를 잘 믿는 자의 보상이라고 말하려는 게 아니다. 그저 하나님이 권사님의 선한 마음과 중심을 보셔서 형통케 하셨음을 말하려는 것뿐이다. 이것이 하나님의 인도하심이기 때문이다.

지나간 이야기를 되돌아보며 참된 믿음이란 무엇일까 생각해 본다. 믿음은 나로부터 오는 것이 아니라 하나님의 선물이다. 그것은 내 신념이 아니라 하나님의 통치를 받는 상태를 의미한다. 그렇다고 성경이 맹목적인 믿음만 말하는 것은 결코 아니다. 성경이 믿음을 강조하는 것은 이성이 너무 작기 때문이지 이성이 필요 없어서가 아니다. 그래서 성경은 믿는 자에게 겸손을 강조하고 있다.

성경이 우리에게 어린아이가 되라고 말하는 것도 이와 같은 맥락이다. 어린아이는 부모를 절대 의존해야 살아갈 수 있다. 더욱이 고대 세계에서 어린아이는 무가치한 존재였다. 여자와 어린아이는 사람 수에도 들어가지 못했다.

따라서 성경에서 어린아이와 같이 믿으라는 것은 겸손한 태도를 말하고 있는 것이다. 성주이신 하나님 앞에 우리가 보여야 할 자세는 "나는 아무것도 아닙니다. 주님은 나의 왕이십니다"라고 고백하는 것이다.

### 달콤한 성공주의 복음

유진 피터슨(Eugene Peterson)은 『껍데기 목회자는 가라』에서 인간의 비전을 하나님의 비전으로 삼고 목회를 하는 자들의 위험성에 대해 경고한 바 있다. 안타깝게도 많은 목회자가 그러한 실수를 한다. 그런 이들은 하나님의 뜻보다 인간적인 성취와 목표를 앞세운다. 그것을 이루기 위해 살아간다. 그래서 이 책의 영어 원제가 『The Unnecessary Pastor』이다. 직역하면 '하나님께 필요 없는 목회자'이다. 하나님은 두 마음을 가진 사람이 필요 없으시다. 겉으로는 믿음이 있는 척하면서 다른 쪽으로는 자신을 위해 사는 자들을 사용하지 않으신다.

나는 목사가 되고도 한동안 믿음을 크게 오해하며 살았다. 주일학교 시절부터 잘못 배워 왔기 때문이다. 내가 할 수 있다는 신념, 내가 하면 된다는 신념이 믿음이라고 착각했다. 소위 한국 교회의 성공주의와 번영주의 신학이라고 할까? 물론 성공주의와 번영주의가 항상 나쁜 것은 아니다. 먹고 살기 힘들 때 절대 긍정과 희망은 좋은 효과를 나타낸다. 항상 꿈과 희망을 잃어버리지 않게도 한다.

문제는 성공주의와 번영주의 아래서 그것을 좋은 믿음의 결과로 해석하는 데 있다. 성경에서 성공을 복의 일부이지 전부라고 말하지 않음에도 그렇게 여기는 것은 자칫 인본주의 신앙으로 빠질 위험성이 크다. 그렇게 믿음을 내가 열심히 노력해서 얻는 것으로 생각하면 성경은 곡해가 된다. 모든 일을 그렇게 해석하려는 경향성 때문이다.

특히 하나님의 부르심을 받은 목사에게 성공주의 목회가 위험한 것은 믿음을 복 받는 수단으로 가르치기 때문이다. '고지론'이 대표적인 사례라 할 수 있는데, 고지론은 성공하고 높은 곳에 오르면 복음 전도에 유리하다는 방식으로 가르친다. 이와 반대로 '미답지론'은 아무도 가지 않는 고난과 희생의 길만이 참된 길이라고 가르친다.

나는 두 견해 사이에서 무척 혼란스러웠다. 현실적으로 보면 고지론이 맞는데, 성경적으로 보면 미답지론이 답인 것 같았다. 나중에 복음을 공부하며 믿음 안에서 균형이 중요하다는 것을 알게 되었다.

그러나 인간의 본성은 편하고 안락한 고지론으로 더 치우치게 되어 있다. 오죽했으면 변화산의 제자들도 그러했겠는가(눅 9:28~36)? 안락함에 취해 있는 자에게 예수님은 달콤한 무드를 깨고 잠에서 깨어나게 하셨다. 정신 차리고 세상으로 내려가 십자가의 삶을 살라고 말씀하셨던 것이다.

그렇다면 혹자는 말할 수 있다. 그리스도인은 늘 가난해야 하는가? 성공과 번영은 정말 잘못된 것인가? 전혀 그렇지 않다. 필요하다면 하나님은 주의 영광을 위해 잘되게 하실 때도 있다. 그러나 성경은 성공주의나 엘리트주의나 일등 됨을 강조하지 않는다. 때로 하나님은 주의 영광을 위해 실패도 경험하게 하실 때가 있다(이 부분은 후반부에서 요셉의 삶을 다룰 때 더 자세히 설명하겠다). 하나님은 성공과 실패 둘 모두를 선용하여 하나님의 뜻을 나타내신다.

정말 위험한 것은 하나님 없이 나 혼자 잘되려고 하는 것이다. 그것은 위험할 뿐 아니라 가능하지도 않다. 하나님의 부르심과 뜻대로 살면 하나님이 우리를 책임져 주신다. 십자가의 죽음과 부활 사건에서 보여지듯, 주의 뜻대로 사는 사람은 세상적 성공의 유무와 상관없이 하나님의 궁극적인 승리가 기다리고 있는 것이다. 세상의 성공은 잠깐이지만 하나님의 성공은 영원하다.

오래전 〈성공시대〉라는 방송 프로그램이 선풍적 인기를 끈 적이 있었다. 이 프로그램은 실패와 절망에 빠진 사람에게 용기와 희망을 주었다는 점에서 높이 평가할 만하다. 그럼에도 옥의 티가 있다면 모든 성공의 기준을 일등주의, 물질주의, 경제적으로만 본다는 점이다. 그래서일까. 경제, 사회, 문화, 스포츠 등 각계각층에서 일등하고 성공한 사람의 목소리만 대변하는 프로그램이라는 비판을 받는다.

그런데 전국의 관심을 끌 때도 이 프로그램의 출연을 완강하게 거부한 한 사람이 있었다. 그가 바로 소설가 이문열이다. 그가 출연을 거부하게 된 내용을 짧게 방영하는 장면은 무척이나 인상적이었다.

경제인이 돈을 많이 벌었다면 분명 성공한 것이 맞다. 스포츠 선수가 우수한 성적으로 일등을 한 것은 성공이 맞다. 과학자가 최우수 논문을 발표하여 사회적 공헌을 했다면 그것은 분명히 성공한 것이다. 그러나 알다시피 나는 작가이다. 작가에게 있어 성공이란 작가가 쓰고 싶은 작품을 쓰는 게 성공이다. 나는 베스트셀러 작가로서 돈은 많이 벌었지만 아직까지 내가 쓰고 싶은 작품을 써 보지 못했다. 그래서 나는 성공한 작가라 말할 수 없다. 나는 성공시대에 출연할 수 없다.

많은 사람들이 성공주의 유혹에 빠지는 이유는 세상 문화의 영향력 때문이다. 여기에서 나도 예외일 수 없다. 70~80년대 교회 성장 시대 속에서 자라 왔기에 내 뼛속까지 깊이 파고든 가치관은 적극적 사고방식과 성공주의 복음이었다. 신학교 동아리 활동에서도 교회 성장학을 배웠다. 내가 노력하면 얼마든지 교회를 크게 키울 수 있다는 잘못된 생각에 빠져 있었다. 그러나 이러한 사고는 은혜의 복음을 무색하게 만들어 버린다.

달콤한 성공주의 복음은 은근히 매력이 있다. 그래서 사람들은 중독된 것처럼 쉽게 벗어나지 못하기도 한다. 이것이 치명적인 까닭은 성경적이지 않기 때문이다. 인본주의적 신앙과 자기만족의 구원에 빠지도록 만들기 때문이다. 무엇보다 성공주의의 가장 큰 위험은 하나님의 형상대로 사람을 보지 않는다는 데 있다. 성경의 하나님은 우리를 계급으로 나누거나 열등한 존재로 만드시지 않았다. 그것은 잘못된 복음이다.

하나님은 우리를 하나님의 형상대로 지으셨다. 따라서 이 세상에 태어난 모든 사람은 선하신 창조 목적을 가지고 있다.

서열이나 계급이 있을 수 없다. 그런데도 이 세상은 사람을 평가할 때 언제나 성공과 결과와 일등만을 중시한다. 그래서 실적과 결과가 나쁘면 모든 존재 가치를 부정해 버리게 만든다.

성경은 하나님 나라가 일의 성공과 결과만 칭찬하여 일등주의와 성공주의와 엘리트주의를 키우는 곳이라고 말하지 않는다. 만일 이러한 인본주의 사상이 교회 안에 흘러 들어와 교회 안에 계급주의를 만들고 양극화를 심화시키면 교회는 설 곳을 잃어버리게 된다. 선하신 하나님은 우리를 일로서 평가하는 분이 결코 아니시다. 하나님은 우리를 동일한 자녀로 불러 주셨다. 비록 세상에서는 힘들어도 교회만 오면 위로를 받는 게 복음이다.

"넘어져도 괜찮아, 다시 용기 내어 해 봐. 잘 했어, 잘 했었고 너는 잘 할 거야. 나는 여전히 너를 포기하지 않았어. 너는 하나님의 존귀한 사람이야. 다 잘하지 못해도 괜찮아. 너는 아주 소중한 사람이야."

이런 말들로 가득한 것이 교회다. 그러나 언제부턴가 교회에서 이러한 은혜는 사라지고 점점 복음이 설 곳을 잃어버리고 있다.

# 8
# 달콤한 구원, 믿음의 꽃방석

다른 복음은 없나니
다만 어떤 사람들이 너희를 교란하여
그리스도의 복음을 변하게 하려 함이라
**갈 1:7**

옥한흠 목사님은 성공주의에 물든 한국 교회를 보며 우리가 교회의 본질로 돌아가야 한다고 설교했다.

여러분, 오늘날 한국 교회의 문제가 뭔지 아세요? 복음이 아닌 것을 붙들며 복음이라고 착각하는 것입니다. 한국 교회는 복음을 다시 들어야 해요. 복음에 물 타지 마세요.

한국 교회는 70~80년대에 급성장했다. 그런데 지금은 급격히 쇠퇴하고 있다. 그 이유가 무엇일까? 나는 한국 교회의 위기가 잘못된 복음에서 비롯되었다고 생각한다. 지금의 어려운 상황이 된 것은 잘못이 누적된 결과로 나타난 현상이다. 복음이 축소되고 잘못된 복음이 활보하자 교회는 급격히 내리막길을 걷게 되었다. 세상이 어두워져도 마지막 보루는 교회가 되어야 하는데 세상과 다를 바가 없으니 사람들이 교회에 등을 돌리게 되었다.

### 직업목사는 누구인가?

보통 성도들은 유사 복음과 진짜 복음을 잘 식별하지 못한다. 가끔은 신학을 공부한 목사도 유사 복음을 식별해 내지 못한다. 가짜 복음이 포장을 잘하고 은밀하게 복음을 희석시켜 버리기 때문이다. 그러나 그것이 사람들에게 잘못 들어가는 순간 상당한 영향력을 미치게 된다.

가짜 복음은 그럴듯한 명분으로 사람의 행위를 더 강조한다. 마치 구원이 사람의 손에 달린 것처럼 자신의 노력으로 구원을 이루어 나가라고 하는데 이는 치명적인 오류가 아닐 수 없다. 은혜란 하나님이 하신 모든 일에 감사하는 것인데, 유사 복음은 내가 노력해서 성공해야 한다고 가르친다. 특히 성장 시대에 이러한 모습이 잘 나타난다. 한국 교회는 이미 고도의 성장기를 경험했기에 복음을 오해할 소지가 충분히 있는 것이다.

성경은 하나님을 온전히 의지하지 않고 자신을 의지하는 것은 자기 숭배 사상에서 나오는 교만에 지나지 않는다고 비판한다. C. S. 루이스(C. S. Lewis)는 이러한 교만에 대해 다음과 같이 말했다.

다른 모든 죄악은 죄의 결과 내지 현상들로 나타나는 것이다. 그러나 교만은 지옥에서 바로 나오는 것이기에 성경은 교만의 죄를 가장 무섭게 다루고 있는 것이다.

하나님의 주권과 통치를 인정하지 않는 사람이 곧 교만한 사람이라는 것을 잊어서는 안 된다. 만일 성도들이 하나님의 은혜보다 자신의 행위에 한눈을 팔고 있다면, 그것은 목회자의 책임이 가장 크다고 볼 수 있다. 왜냐하면 번영주의나 성공주의에 물들지 않고 올바른 복음을 전해야 할 목사가 다른 복음을 전한 것이기 때문이다.

성경을 보면 비두니아, 더베, 루스드라 등이 속했던 갈라디아교회가 이러한 복음에 속아 넘어갔다. 믿음으로 구원받는다는 것을 믿으면서도 이들은 뭔가 부족하다고 느꼈다. 그래서 온전한 구원을 얻기 위해서는 인간의 전통과 자랑과 의가 더해져야 한다고 생각했다. 결국 눈에 보이지 않는 하나님 나라보다 가시적인 성과와 목표를 이루어야 구원이 완성된다고 여겼던 것이다.

믿음도 좋지만 인간의 열심도 중요하다는 신인협력설 같은 구원의 복음은 하나님을 잃어버리게 만들었다. 그들은 하나님과 세상 사이에서 달콤한 복음과 믿음의 꽃방석에 앉아 하나님만 바라보지 못하게 되었다. 오늘날 많은 자기 계발서들이 인간의 성공과 축복을 강조하며 서서히 복음의 본질을 잃어버리게 하는 것처럼 말이다.

이는 마치 남극대륙에서 떨어져 나간 거대한 빙하가 수많은 펭귄들과 함께 언젠가 죽음을 맞이하게 되는 줄 모르고 떠다니는 것과 동일하다. 이들은 먹잇감을 찾지 못해 모두 집단 폐사하는 끔찍한 재앙을 맞이하고 말 것이 분명하기 때문이다.

이런 의미에서 나는 직업목사를 이렇게 정의하고 싶다. 직업목사란 복음을 잘못 가르치는 목사를 의미한다. 그들은 자신이 언변과 지식이 뛰어난 전문가라 생각할지 몰라도, 사실은 복음을 모르기에 사람들의 귀만 가렵게 하고 사람의 입맛에 맞게 복음을 전하는 자들이다.

초기 한국 교회는 적은 수였음에도 복음적 삶을 살기로 유명했다. 3.1운동이 대표적일 것이다. 소수의 기독교가 대사회적 영향력을 행사할 정도로 복음의 순전함이 있었다. 한국 교회의 대다수는 어려움 속에서도 선교사들이 전해 준 사랑의 복음을 그대로 듣고 실천했다.

사람들은 이 세상에 태어나 육신의 부모로부터 한 번도 사랑한다는 말을 들어 보지 못하고 살다가 교회 와서 하나님의 사랑을 알게 되었다. 그뿐 아니라 고난의 현실 속에서도 세상이 줄 수 없는 천국의 기쁨을 누리며 살았다. 이것이 소문나면서 교회는 사랑이 많은 곳으로 드러나게 되었다.

초기 교회를 본 불신자들은 교회를 좋은 곳으로 여겼다. 세상과 다르다고 생각했다. 오죽하면 교회 다니지 않는 사람도 목사를 보면 모자를 벗고 인사할 정도였을까? 교회를 다니지 않는 부모도 내 자식은 교회에 나가라고 할 정도였다. 이렇게 초기 교회의 대사회적 신뢰도는 상당히 높았다. 이것은 오랜 신뢰가 쌓여 된 것이지 하루아침에 이루어진 것이 아니다.

그렇게 믿음의 선배들이 은혜의 복음을 전했기 때문에 70~80년대 폭발적인 성장을 경험할 수 있었다. 그런데 언제부터인가 하나님을 잃어버리고 마치 내가 잘해서 이렇게 된 것이라 오해하기 시작했다. 은혜를 떠나 율법주의가 되어 버린 것이다. 혹은 복음에 다른 무엇을 첨가하기 시작한 것이다. 예를 들어 내가 설교를 잘해서, 내가 목회를 잘해서, 내가 사역을 잘해서, 교회를 성장시킨 것이라며 복음을 왜곡한 것이다.

그 결과 도처에서 '나의 공로 때문'이라는 망상에 사로잡혀 있다. 이것은 교회가 쇠퇴하는 근본 원인이기도 하다. 마치 출애굽을 한 이스라엘 백성들이 광야에서 기적을 경험할 때는 하나님을 잘 믿다가, 가나안 땅에 정착하며 편안하고 안락해지자 내 힘으로 잘살게 되었다고 말하는 것과 다르지 않다. 이제 하나님은 필요 없고 바알이 우리의 신이라고 말하는 것과 다르지 않은 것이다.

### 값싼 은혜, 값싼 믿음

존 맥아더(John MacArthur)는 『복음을 부끄러워하는 교회』에서 교회의 위기에 대해 이야기한다. 그중 인상 깊었던 대목을 간단하게 요약해서 정리하면 다음과 같다.

오늘날 교회의 문제는 십자가의 복음을 부끄러워하는 데 있다. 십자가의 복음 대신 다른 복음을 말하고 있다. 은혜를 모르는 자는 하나님의 구원보다 사람의 공로를 고무시킨다. 로마제국 시대의 교회처럼 어떻게 하면 사람들을 많이 모이게 하고 더 자극시킬 것인가 연구하기만 한다. 더 이상 강단의 설교자들이 성경의 죄를 말하지 않고 영적인 문제를 다루지 않고 있다. 그들의 관심은 오직 이 세상의 성공과 번영과 사람을 만족시키는 데만 급급하다. 이것이 교회가 내리막길을 걸어가고 있는 중요한 이유이다.

이런 설교자들의 설교를 듣고 살아가는 성도들은 믿음의 체질이 약화될 수밖에 없다. 달콤한 복음에 길들여진 사람은 죄를 회개하고 돌이키는 능력이 현저히 떨어지게 된다. 그래서 그들은 한사코 하나님의 말씀과 믿음의 모험을 거부한다. 오로지 이 땅에서 잘 먹고 잘살 수 있음을 말하는 번영주의 신앙만 추구할 뿐이다.

그래서일까. 오늘날 성도들은 진리의 대가를 지불하려 하지 않는다. 오직 값싼 은혜와 값싼 믿음으로 교회 안과 세상에서 이중생활에 만족하고자 한다. 이스라엘 백성이 그토록 영적인 부패와 타락을 경험했던 이유는 무엇인가? 하나님을 몰라서가 아니었다. 그들의 진짜 문제는 하나님과 세상을 동시에 사랑했기 때문이다. 하나님을 믿으면서도 세상의 죄와 우상숭배를 포기하지 않았기 때문이다. 혼합주의 종교 생활로 '하나님 한 분이면 충분합니다'라는 여호와 신앙을 잃어버리게 된 것이다.

오늘날 교회는 이러한 위기 앞에 직면해 있다. 하나님의 뜻보다 내가 좋아하는 설교와 내가 좋아하는 말씀을 찾는 소비자 중심의 기독교는 복음을 그저 죽어서 천국 가는 티켓쯤으로 생각하게 만든다. 하나님 나라에는 관심이 없고 현실 세계와 성공주의와 개인 구원에만 관심이 가득한 것이다.

복음을 부끄러워하는 교회에는 달콤한 복음과 거짓 선지자들이 인기가 많다. 왜냐하면 불편한 진리를 말하지 않기 때문이다. 현실 세계와 자기만족에 안주하라고 온탕 속에서 우리의 영혼을 감성적으로 위로하기도 한다. 그러한 거짓 선지자들의 모습을 에스겔 선지자는 다음과 같이 묘사하고 있다.

인자야 너는 이스라엘 목자들에게 예언하라 그들 곧 목자들에게 예언하여 이르기를 주 여호와께서 이같이 말씀하시되 자기만 먹는 이스라엘 목자들은 화 있을진저 목자들이 양 떼를 먹이는 것이 마땅하지 아니하냐 너희가 살진 양을 잡아 그 기름을 먹으며 그 털을 입되 양 떼는 먹이지 아니하는도다 너희가 그 연약한 자를 강하게 아니하며 병든 자를 고치지 아니하며 상한 자를 싸매 주지 아니하며 쫓기는 자를 돌아오게 하지 아니하며 잃어버린 자를 찾지 아니하고 다만 포악으로 그것들을 다스렸도다 목자가 없으므로 그것들이 흩어지고 흩어져서 모든 들짐승의 밥이 되었도다 (겔 34:2~5)

오늘날의 직업목사처럼 거짓 선지자들은 하나님의 뜻에는 관심이 없다. 그들은 자신의 입맛대로 하나님의 말씀을 요리해 전달하는 자들이다. 그들의 말에는 하나님의 뜻이 없다. 저주와 심판만 있지 사랑이 없다. 참된 위로는커녕 정의와 회복도 없다. 오직 말씀을 수단화하여 자신의 명예와 배를 위해 살아가는 자들이다. 그들은 아합 시대의 거짓 선자들처럼 자신의 말을 듣지 않으면 저주하거나 생명을 위협하기도 한다.

90년대에 한국 교회는 특히 심각했다. 겉으로는 숫자와 크기를 자랑했지만, 안으로는 구원파와 신천지가 활개를 치고 있었다. 당시 교회를 무너뜨리려는 구원파식 신앙과 신천지, 시한부 종말론자들은 모두 한 가지 공통점이 있었다. 달콤한 구원과 믿음의 꽃방석에 앉아서 하나님이 우리를 이 세상에 부르신 목적을 가리고 있었다는 것이다.

하지만 거짓된 복음으로부터 성도들을 보호해야 할 지역 교회들도 위기 가운데 있었다. 번영주의 신학에 상처 입은 성도들은 교회를 떠나고 목자 잃은 양처럼 방황하기 시작했다. 구원파 신앙은 한 번 예수를 믿으면 어떤 죄를 지어도 상관없다는 식으로 복음을 날조하여 세월호 같은 탐욕에 물들게 했다.

반대로 신천지와 시한부 종말론자들은 율법주의로 성도들을 위협해 한 번 받은 구원이 취소되거나 탈락할 수 있다며 성도들을 협박했다. 인간의 내면에 있는 죄와 죽음의 대한 두려움을 교묘하게 이용해 교주의 노리개로 삼고자 했던 것이다. 이처럼 복음이 교회 안에서 바르게 해석되지 않고 축소될 때, 그 폐해는 가히 엄청나다는 것을 알 수 있다.

하지만 아무리 말해도 사람들은 복음보다 사이비 이단 종파를 더 좋아한다. 거짓된 말일수록 더욱 그럴듯해 보이기 때문이다. 겉으로 볼 때 그것이 마치 하나님 뜻처럼 착시현상을 일으키기 때문이다. 하지만 사이비와 이단 종파의 잘못된 구원론은 안정은커녕 불안과 염려만 증폭시키고 진리에게서 더 멀어지게 만든다.

### 올바른 우선순위로 돌이키라

예수님은 이 점에 대해 누구보다 잘 아셨다. 그래서 제자들에게 염려와 두려운 문제를 외면하지 말고 우선순위를 바르게 선택하라고 말씀하셨다.

예수님이 말씀하신 우선순위는 마태복음 6장에 구체적으로 나타나 있다. 하나님인가 세상의 신인가, 하나님인가 나의 힘인가, 하나님인가 물질인가, 선택하라고 말씀하신다. 사람들에게 중요해 보이는 일상생활의 문제를 열거하신 뒤에, 마태복음 6장 25, 31, 34절에서 "그러므로"라는 말을 세 번이나 반복하며 올바른 우선순위에 대해 설명하신다. 문법적으로 접속사 '그러므로'는 앞의 문장들을 이유와 원인으로 밝히고 그 결과를 말해준다. 예를 들면 이런 식이다.

24절: 한 사람이 두 주인을 섬기지 못한다.
25절: '그러므로' 목숨과 몸이 더 중요함을 알라.

30절: 들풀보다 너희가 더욱 귀하다.
31절: '그러므로' 무엇을 먹을까 입을까 염려하지 말라.

33절: 너희는 먼저 그의 나라와 의를 구하라.
34절: '그러므로' 내일 일을 염려하지 말라.

거짓된 신에 속아 넘어가지 않으려면 내 우선순위를 조정해야 한다고 예수님은 말씀하신다. 이 세상은 현대판 선악과인 욕망을 자극하며 우리의 시선이 하나님에게서 멀어지길 바라고 있다. 육신의 정욕, 안목의 정욕, 이생의 자랑을 통해서 말이다(요일 2:16). 하지만 예수님은 먼저 하나님의 약속을 바라보라고 말씀하신다. 하나님의 말씀만이 우리를 주님에게서 멀어지지 않도록 만들기 때문이다. 우리가 말씀에 순종하면 하나님이 우리를 책임지시지만 그렇지 않을 경우 내가 나를 책임지겠다는 것이니, 예수님은 우선순위 문제를 가장 중요한 믿음의 원리로 보셨던 것이다.

성경이 우선순위 문제를 중요하게 다루는 이유는 분명하다. 우리가 창조주 하나님께 모든 것을 맡기고 먼저 그의 나라와 의를 구하면 하나님이 책임져 주시기 때문이다. 이것은 복음의 핵심 가치이기도 하다.

『예수원 이야기: 광야에 마련된 식탁』은 예수원의 공동체 생활 이야기이다. 예수원은 자신의 힘으로 살아가는 현대인들에게 하나님만으로도 충분하다는 것을 가르치기 위해 강원도 태백산 자락에 세워진 곳이다. 이 사역을 시작한 대천덕 신부는 예수원을 통해 오직 하나님의 인도를 받으며, 하나님이 다스리는 공동체가 어떤 삶을 살아가는지 세상에 알리고 싶었다. 즉 하나님은 오늘도 살아 계시며 그분만이 우리의 공급자가 되심을 알리고자 했던 것이다.

한번은 대천덕 신부가 예수원의 재정적인 어려움을 놓고 기도하고 있었다. 그런데 재정이 잘 채워지지 않았다. 공동체 생활이 점점 어려워질 무렵, 미국에서 사경회 인도 요청이 들어왔다. 그는 '역시 하나님이 고아처럼 내버려두지 않으신다'는 확신을 가지고 사경회에 가서 열심히 사역했다.

그렇게 사역을 마무리하고 숙소로 돌아오다가 아프리카에서 사역하는 한 여성 선교사를 만나게 되었다. 생면부지의 그 선교사는 다짜고짜, 아프리카에서 하던 사역과 재정의 어려움을 호소했다. 대천덕 신부는 그것을 성령의 음성으로 듣고 사역에서 받은 모든 재정을 선교사에게 주었다. 자기 일은 전혀 생각하지 않고서 말이다.

이제 예수원을 어떻게 경영하나 골몰하고 있는데, 다음 날 아침 그 선교사가 다시 찾아왔다. "선교사님 이제 저는 정말 돈이 한 푼도 없어요. 어제 드린 것이 제 전부였어요"라고 말하려는 순간 그 선교사는 하루 사이에 무슨 일이 일어났는지 말해 주었다.

"대천덕 신부님을 만나고 하나님의 기도 응답을 받았다고 생각했는데, 누군가가 와서 신부님이 주신 것보다 몇 배 많은 물질을 저에게 주고 가셨어요. 그런데 이미 저는 신부님으로부터 충분한 물질을 받았기에, 이것은 제 것이 아니라는 것을 알게 되었습니다. 어제 밤 성령님이 이것을 전부 대천덕 신부님께 드리라고 해서 제가 오늘 온 것입니다."

한국으로 돌아오는 비행기 안에서 대천덕 신부는 하나님께 너무 감사했다. 그리고 예수원으로 돌아와 공동체 식구들에게 하나님이 하신 일을 찬양하고 간증했다. 이것이 우리가 하나님 나라를 위해 우선순위를 조정할 때 일어나는 초월적인 역사라고 말이다. 하나님은 여전히 우리의 삶을 책임지시고 인도하시는 분이라는 것을 느끼게 된 순간이었다.

하나님 나라의 경제 원리란 바로 이런 것이다. 우리가 하나님을 바라볼 때 세상 그 무엇에도 매이지 않고 진정한 자유를 누릴 수 있게 되는 것이다. 복음은 하나님이 나의 주인이시고 우리는 그의 백성임을 분명하게 밝힌다. 세상의 다른 신과 나 자신을 의지하면 이러한 은혜를 경험할 수 없다. 오직 하나님을 의지하고 바라볼 때 하나님은 우리를 신실하게 책임져 주신다.

## 직업목사의 반성문 2

하나님, 죄송합니다. 목사인 제가 잘못된 복음으로 한국 교회를 어지럽힌 장본인임을 고백합니다. 강단에서 순전한 복음을 전하기보다 사람들이 원하는 출세와 성공주의, 기복주의, 번영주의를 달콤하게 가르쳤던 목사였음을 회개합니다. 그래서 성도들로 하여금 무사안일주의에 빠지게 만들었습니다. 믿음의 꽃방석에서 안주하게 만들어 버렸습니다. 십자가를 부끄러워했던 저의 죄를 용서하여 주십시오. 자기 계발서나 인간적인 성공을 영적인 축복이라고 가르쳐 왔음을 회개합니다. 복음을 축소시키고 하나님 나라를 바로 전하지 못했던 저의 입술을 용서하여 주십시오. 이 시간부터 죄에서 돌이켜 올바른 복음의 진리를 전하게 해 주십시오. 예수님의 이름으로 기도합니다. 아멘.

## 목사와 소명 2

## 전시된 박물관 교회

적극적 사고방식, 긍정의 힘으로 유명했던 로버트 슐러 목사의 수정교회를 가 본 적이 있다. 방송에서 가끔 설교를 들은 적은 있지만 실제로 본 것은 처음이었다. 넓은 주차장, 오성급 호텔 같은 분위기, 최고급 대리석과 특수 소재로 만든 화장실, 호화스러운 바닥과 벽면, 보석처럼 빛나는 샹들리에 조명 등 입이 딱 벌어질 정도였다. 그런데 안내를 해 주는 사람이 수정교회 관광객들에게 이렇게 설명해 주었다.

"한때 세계적 명성을 얻었던 교회인데, 자녀들이 분쟁하면서 지금은 건물을 유지하기조차 어려워 파산 후 매각된 상태입니다. 하지만 워낙 세계적으로 알려진 교회였기에 지금 관광객들이 오고 있는 것이죠."

목사인 나는 가이드의 설명을 듣다가 씁쓸한 마음을 감출 수 없었다. 더욱더 듣기 거북했던 것은 그다음 설명이었다. 본래 미국 교회는 국가의 지원을 받아 성장했다. 그런데 국가 재정이 어려워지자, 정부가 예산을 삭감하고 교회의 성도수와 크기에 따라 차별적으로 지원해 주기로 했다는 것이다. 그럼에도 여전히 국가의 재정이 부족하자 교회 지원 예산을 더 삭감하기로 결정했다.

국가가 보조해 주는 재정에 큰 타격을 입은 교회들은 재정 위기를 타개하기 위해 노력했다. 복음주의 설교자들이 복음을 가장해 성공주의와 번영주의를 강조하기 시작했다. 이후 방송 설교자들이 우후죽순 나타나면서 돈, 권력, 명예를 추구하다가 급격히 쇠퇴하게 되었다.

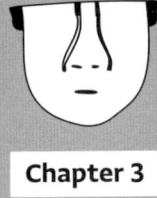

Chapter 3

# 잃어버린 복음을 찾아서

복음이 나를 어떻게 변화시켰는지 살펴본다. 죄와 절망 가운데 있을 때 구원의 하나님은 먼저 손 내밀어 찾아오셨다. 오직 은혜로, 오직 믿음으로 구원받은 사람은 구원 이후에도 자신의 힘이 아니라 하나님을 의지해 살아간다. 옛사람을 벗어 버리고 새사람을 입는 훈련을 한다. 지속적인 하나님 나라의 통치와 다스림을 받는다. 나 중심적 삶에서 하나님 중심적 삶으로 변화가 일어난다. 성령 안에서 나를 구원해 주신 하나님과 이웃들을 섬기며 살아간다. 그것이 바로 우리를 택하여 주신 이유이자 제사장적 소명이기 때문이다. 이와 같이 은혜의 복음은 죄를 이기는 능력이 있어 내 삶의 복음화를 이루고 재생산을 이루어 낸다. 한곳에 머물러 있기보다 생수의 강물처럼 온 세상에 흘러가는 것이다.

# 9
# 다시 새기는 복음의 본질

복음에는 하나님의 의가 나타나서
믿음으로 믿음에 이르게 하나니 기록된 바
오직 의인은 믿음으로 말미암아 살리라 함과 같으니라
**롬 1:17**

나는 선교지 C국에서 5년 동안 사역했던 경험이 있다. 선교지에 있다 보니 한국 음식이 그리워질 때가 많았다. 그때마다 선교지의 한국 음식점에 가 보면, 타 문화권의 한국 식당은 실제 한국의 맛과는 상당한 거리가 있었다. 아마도 토양이나 식재료가 달랐기 때문일 것이다.

5년의 해외 사역을 마무리하고 한국에 돌아왔을 때, 오랜만에 한국 음식을 먹어 볼 수 있었다. 수고했다며 장모님이 사 주던 음식 맛은 아직도 나의 뇌리에서 지워지지 않고 있다. 무척 배가 고프기도 했지만, 제대로 된 한식을 먹어서 아주 꿀맛 같았다.

### 날마다 숨 쉬는 순간마다

한국에 돌아와 1년쯤 지난 때였다. 부유한 계층이 사는 강남 권역에서 사역을 할 때, 많은 성도들이 근사한 곳에서 자주 식사를 대접해 주었다. 모처럼 쉬는 날 가족들과 함께 옛날에 장모님과 먹던 음식점이 그리워 다시 그곳을 방문해 보았다.

그러나 음식 맛이 예전만 못했다. 무슨 일이 있었던 것일까? 나는 속으로 주인이 바뀌었나 싶었지만 주인은 그대로였고, 주방도 별문제가 없었다. 변한 것은 하나도 없었다. 그렇다면 도대체 무엇이 문제였던 것일까?

나중에 알게 되었다. 내 입맛이 그사이에 바뀌었다는 사실을. 많은 성도들이 고급 음식을 자주 대접해 주니 내 입맛이 변해 버린 것이다. 맛있게 먹던 그 음식점은 지금도 맛있는 곳인데 내 입맛이 변하고 말았다.

나는 신앙생활을 하며 가끔 복음이 이와 같다는 생각이 든다. 복음을 한 번 듣고 죄 사함의 은혜를 경험했다고 해서 구원이 모두 완성된 것은 아니다. 구원이 시작이 되었을 뿐이다. 계속해서 믿음 안에서 복음의 열매가 나타나도록 성장해 가야 한다. 그럼에도 한두 번 복음을 듣고 모든 구원이 끝난 것처럼 생각한다면 그는 아무것도 모르는 것이다.

우리 안에서 하나님의 형상이 완성되는 날까지 우리는 복음을 반복적으로 들어야 한다. 그래야 우리의 복음이 변질되지 않을 수 있다. 만일 이 사실을 잊어버린다면 은혜를 잃고 복음이 변질되기 쉽다. 바울은 복음이 구원 이후에도 우리를 얼마나 성장하게 만드는 원동력이 되는지, 믿음 안에 만나는 사람들과 복음의 교제를 나누고자 했다.

> 내가 너희 보기를 간절히 원하는 것은 어떤 신령한 은사를 너희에게 나누어 주어 너희를 견고하게 하려 함이니 (롬 1:11)

날마다 복음의 사건을 묵상하고, 하나님이 행하신 일을 감사하지 않으면 기쁨과 감사는 쉽게 사라져 버린다. 은혜를 잊어버리고 율법으로 돌아가 모든 것을 내가 잘해서 된 것처럼 생각하게 된다. 받은 은혜를 소홀히 하고 관리하지 않으면 옛 성품이 나타나 율법주의로 살아가게 된다.

율법주의란 은혜 아닌 다른 것을 의지하려는 경향성을 가리킨다. 이것은 사탄이 우리를 속이는 죄의 무서운 속성이 아닐 수 없다. 쉽게 복음의 진리를 떠나 다른 복음에 길들여지는 부패한 본성을 보여 주는 것이라 할 수 있다.

### 선악과와 절대주권

큰 아들이 중학교 2학년 때였다. 교회 사역을 마치고 집에 늦게 들어왔는데, 아이의 상태가 좋지 않아 보였다. 늘 착하기만 하던 내 아이도 사춘기의 반항하는 모습이 나타나고 있었다. 왜 그런지 아내에게 물었으나 잘 모른다고 했다.

평소 대화도 잘 하고 아무 탈 없던 아이가 사춘기가 시작되면서 모든 게 불만스러워 보였다. 가정의 분위기가 이상해졌다. 1주 뒤 아들의 방문 앞에 커다란 대자보가 붙어 있는 것을 보았다.

앞으로 내 허락 없이는
아무도 (특히 아빠) 이곳에 들어올 수 없음!

우리 부부는 이유 없이 반항을 하는 아이로 인해 커다란 마음고생을 해야 했다. 이것이 마치 하나님 앞에서 불순종하는 내 모습을 보는 듯했다. 하나님과 사랑을 나누다가도, 갑자기 다른 신들에 관심을 빼앗겨 하나님을 주인으로 인정하지 않는 모습과도 같았다.

성경은 이러한 죄의 문제를 매우 비중 있게 다루고 있다. 태초에 하나님은 사랑으로 이 세상을 아름답게 창조하셨다. 창조주 하나님이 만든 나라에는 왕이 있고, 백성이 있고, 질서와 법이 필요했다. 그래서 하나님은 피조물과 언약(약속) 안에서 영원한 나라를 세우길 원하셨다.

언약이란 디자이너의 설계도 같다. 피조물이 하나님의 법을 지키면 하나님이 통치하여 피조물에게 복을 주신다는 것이다. 모든 창조에 이러한 영적인 원리가 들어갔다. 그래서 하나님은 에덴동산에 선악과를 두셨던 것이다. 에덴동산의 모든 것이 허락되었지만, 선악과는 먹지 말라고 명령하셨다. 하나님의 말씀을 경외하도록 하기 위해서였다. 그것은 피조물이 하나님의 절대주권을 인정하는 바로미터였다.

하지만 자유의지를 가진 인간은 먹어서는 안 되는 선악과를 먹고 타락해 버렸다. 성경은 절대 일어나서는 안 되는, 하나님과의 관계가 깨어진 상태를 죄라고 말한다. 하나님과 깨어진 상태가 죄라면 하나님과 회복된 상태를 의라고 말하는 것이다.

에덴동산의 선악과는 단순한 열매가 아니었다. 선악을 알게 하는 나무 정도가 아니라, 선악의 기준은 오직 하나님께 있다는 절대주권을 의미했다. 하지만 이미 하나님의 뜻에 불순종한 인간은 에덴동산에서 추방되어야 할 운명이었다. 왜냐하면 죄를 지은 상태로 영원한 나라에 거할 수 없고, 영원한 심판을 받아서는 안 되었기 때문이다.

에덴동산의 추방은 삼위일체 하나님의 구원과 계획 속에 준비되어 있었던 것이다. 하나님의 구원 계획은 하나님이 구원자를 보내 회복하실 때까지 인류가 일시적으로 영원한 나라에서 추방되어 구원을 기다리며 이 세상에서 나그네로 살게 하는 것이었다. 본향을 사모하는 마음을 갖게 하면서 말이다.

영원한 나라에서 추방된 인류는 사탄과 세상의 지배를 받게 되었고 죄와 죽음 아래 종노릇하게 되었다. 하지만 언약을 완성하실 그리스도가 오기까지 일시적으로 그렇게 된 것이다. 하나님이 아담에게 주었던 세상의 통치는 일시적으로 사탄에게 넘어가 버렸지만 예수님의 십자가를 통해 다시 회복되었다. 이와 같은 약속된 그리스도가 세상에 다시 오실 때까지 에덴동산에서 추방된 인류는 죄와 죽음에서 건져 낼 구원자가 필요했던 것이다.

제임스 카메론(James Cameron) 감독이 만든 영화 〈타이타닉〉을 본 적이 있는가? 타이타닉 호는 당시 초호화 유람선으로 인간의 탐욕과 문명을 상징하고 있다. 영화 속 타이타닉은 인류의 최고 문명을 상징한다. 그렇게 세간의 많은 기대를 모았던 배는 허망하게도 암초와 부딪쳐 조난을 당하게 된다.

배가 침몰하자 사람들은 생존을 위해 몸부림을 치게 된다. 물에 빠진 사람들은 본능처럼 생명을 구하기 위해 몸부림쳤다. 그러나 물에 빠진 자는 스스로 구원할 수 없는 상황이었다. 골든타임은 얼마 남지 않았다. 이러한 타이타닉 승객들의 상황은 하나님에 대한 기억상실증에 걸린 우리에게 복음의 능력을 다시 생각나게 해 준다.

이 조난당한 사람들은 구원을 기다린다는 의미에서 세상 사람들의 모습과 비슷하다. 물에 빠진 자는 유한한 인간의 모습과 닮아 있다. 위기에 처한 사람들은 가지각색이다. 어떤 이는 살기 위해 구명보트를 붙잡고, 어떤 이는 보석 상자를 들고 바다에 뛰어들며, 어떤 이는 여행 가방을 끌어안고 뛰어내리고, 또 어떤 이는 운명 앞에서 〈내 주를 가까이 하게 함은〉 찬송가를 연주하며 죽음을 기다린다. 위기 앞에서 사람의 모습들은 달라도 이들에게는 한 가지 공통점이 있다. 물에 빠진 모든 사람은 한 사람도 죽음을 피할 수 없다는 점이다.

위기에 빠진 사람들은 지푸라기라도 잡는 심정으로 아무것이나 붙잡으려고 했다. 그것이 자신을 구해 줄 수 있는 것처럼 생각하면서 말이다. 하지만 그들이 의지하는 것은 일시적으로 자신을 지켜 줄 수 있을지 몰라도 궁극적인 생명을 지켜 줄 수는 없었다. 어쩌면 이것이 하나님 없는 인간의 과학, 문명, 부와 명예를 의미할지도 모른다. 즉 우리에게 복음의 필요성이 무엇인가를 가르쳐 주고 있다.

복음주의 신학자들은 복음을 '위기의 신학'이라고 말한다. 복음이 구원의 소식이 되려면 철저한 자기 한계와 절망을 느껴야 하기 때문이다. 자신에게 실망하는 것 정도로는 안 된다. 자신에게는 구원의 소망이 없다는 것을 아는 자만이 구원의 필요성을 느낄 수 있는 것이다. 구원의 필요성이란 '내 힘으로는 안 됩니다. 하나님께 항복합니다'라는 표현 외에 다른 것이 아니다. 오직 자신에게 구원이 없다는 철저한 절망, 유한성, 한계를 아는 자만 구원의 소식이 기쁨이 될 수 있는 것이다.

자, 그렇다면 물에 빠진 자가 구원을 얻을 수 있는 방법은 무엇일까? 먼저 자력 구원이 불가능하다는 것을 인정해야 한다. 이것이 회개에 해당한다. 그리고 하나님이 구원하시는 방법을 신뢰해야 한다. 하나님이 말씀하신 약속을 의지하고 바라보아야 한다.

모든 성경은 하나님이 보내신 구원자가 바로 예수 그리스도라고 증언한다. 자신의 교만한 생각을 내려놓고 겸손한 마음으로 하나님이 행하신 일을 인정할 때 구원이 은혜로 임하는 것이다. 구원은 결코 인간으로부터 오는 것이 아니라 하나님으로부터 와야만 하는 것이다.

### 십자가 사건은 새 창조

하나님은 왜 예수 그리스도를 통해 죄인을 구원하려 하신 것일까? 하나님께 반역하고 불순종한 죄는 단순히 일반 사람에게 지은 죄가 아니었기 때문이다. 그것은 창조주와 피조물 사이에 일어난 사건이었다. 인간의 죄는 창조주 하나님께 반항하고 불순종한 죄이다. 그러므로 죄를 범한 인간은 인간의 방법으로 그것을 해결할 수 없다. 오직 하나님이 원하는 방법으로만 해결이 가능하다. 하나님이 먼저 이 문제를 해결해 주지 않으시면 회복이 일어날 수 없는 것이다.

이러한 사실에 비추어 보면 인간이 죄로부터 회복되기 위해 두 가지가 해결되어야 함을 알 수 있다. 하나, 높은 자가 낮은 자에게 먼저 찾아와야 된다. 둘, 피해자가 가해자의 죄를 용서해 주어야 한다. 이 두 가지가 해결되지 않으면 화해가 일어날 수 없다. 그런데 이 두 가지 조건을 해결할 수 있는 유일한 방법이 그리스도의 십자가였던 것이다. 하나님 자신이 인간의 몸으로 성육신하여 우리와 같이 되어 죽으셔야만 했다.

십자가는 죄 사함의 은혜이며, 용서의 사랑이었다. 하나님이 인간의 모든 죄를 해결하기 위해 화목제물로 십자가에 달려 우리를 대신해 죽으셨던 것이다. 그리고 부활하셔서 우리에게 새 생명을 주셨다. 이 십자가의 사건은 인류의 새 창조가 되었다. 하나님과 피조물이 그리스도 안에서 화해가 이루어진 구원의 사건이었던 것이다. 누구든지 이 복음의 소식을 듣고 그리스도와 믿음 안에서 연합하기만 하면, 하나님 나라의 백성이 될 수 있다.

바울은 로마서 6장에서 믿음의 연합을 세례 사건으로 표현하고 있다. 즉 예수님이 죽을 때 우리도 함께 죽었고, 부활할 때 우리도 함께 살게 되었다고 묘사한다. 어떻게 이러한 구원이 가능한 것일까? 그것은 예수 그리스도만이 선지자와 율법을 통해 증거를 받으신 분이며 유일한 구원자이셨기 때문이다(삼하 7:13~14, 시 110:1, 사 40:9~10, 52:7). 즉 하나님의 구원의 방법이었던 것이다.

하나님은 구원의 문제를 인간의 율법으로 해결하지 않으셨다. 은혜로 해결하셨다. 예수 그리스도 안에서 모든 것이 통일되고 만물이 하나가 되도록 계획하셨던 것이다. 성경 66권은 하나님이 우리를 구원하기 위해 보내신 구원자 예수 그리스도가 복음이라고 말한다. 즉 구약 39권은 오실 예수 그리스도를 예표하며, 신약 27권은 오신 예수 그리스도의 모습을 보여 준다. 도표로 보자면 아래와 같은 구조라 할 수 있다.

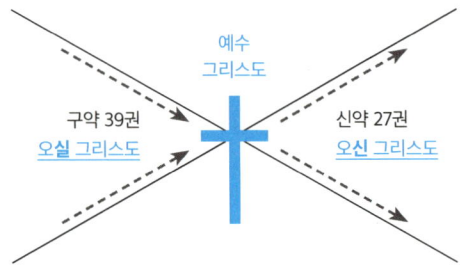

하나님이 이렇게 해야 하실 정도로 인간의 죄는 매우 심각했다. 하지만 정작 인간은 아무렇지도 않고 여전히 내가 꽤 괜찮은 사람이라고 착각하며 살아간다. 성경은 그것을 교만이라고 말한다. 그게 얼마나 심각했으면 하나님의 의에 이른 사람이 단 한 사람도 없다고 성경이 말하겠는가(롬 3:10~20)?

죄에 빠진 인간은 정반대로 생각하는 게 문제이다. 원죄는 정말 무서울 정도로 모든 것을 파괴시켜 버렸다. 하나님과 인간의 관계, 인간과 피조물의 관계, 피조물과 피조물의 관계가 모두 깨어졌다. 한마디로 인간은 괜찮은 존재가 아니라 괴물이 되고 말았던 것이다. 이것을 전적인 타락과 부패라고 말한다. 성경은 이토록 타락한 인간이 스스로 죄의 문제를 해결할 수 없다고 선언한다.

> 모든 사람이 죄를 범하였으매 하나님의 영광에 이르지 못하더니 (롬 3:23)

인간의 문제, 죄의 문제, 영혼의 문제는 오직 하나님이 보내신 구원자가 와서 우리를 구원할 때 해결된다. 천하 사람 중에 구원을 받을 만한 다른 이름과 방법을 주시지 않았다(행 4:12). 성경은 하나님이 이러한 인간의 상태를 아시고 긍휼히 여기셔서 예수님을 보내 주셨다고 말한다. 그것을 구원이자 복음이라고 말한다. 십자가의 속죄와 부활을 통해 우리를 구원하심으로 새 언약을 성취하게 된 것이다. 다시 말하지만 이것은 인간이 한 것이 아니라 하나님이 모두 하신 일이다. 그래서 기독교를 오직 은혜, 오직 믿음의 종교라고 부르는 것이다.

# 10
## 어떠한 절망도 희망으로 바꾼다

> 모든 사람이 죄를 범하였으매 하나님의 영광에 이르지 못하더니
> 그리스도 예수 안에 있는 속량으로 말미암아
> 하나님의 은혜로 값없이 의롭다 하심을 얻은 자 되었느니라
> **롬 3:23~24**

어릴 적 나는 부모님을 따라 아주 작은 동네 교회들을 다녔다. 내가 다닌 S교회, Y교회, N교회는 모두 아름다운 교회들이다. 이사를 가는 바람에 교회를 옮기게 되었지만, 여전히 내 마음에 추억이 묻어 있는 영혼의 고향과도 같은 곳들이다. 이 교회들은 1백 명도 채 안 모이는 개척 교회들이었다. 그래서 그런지 작은 교회에 대한 애틋한 마음이 있다.

### 복음의 결핍, 행위 구원

그 교회들은 모든 게 만족스러웠지만 한 가지 문제가 있었다. 그것은 건물 크기나 성도 수, 재정 상황, 교우 관계 같은 게 아니었다. 어린 나이였지만 교회의 웬만한 갈등과 분열은 참을

수 있었다. 개척 교회라서 사역이 많아 문제가 되었던 것도 아니었다. 도리어 교회마다 구제와 봉사, 친밀한 교제가 있어 훌륭했다. 문제가 있다면 한 가지, 설교자에게서 선명한 복음을 들을 수 없었다는 것이다.

어린 내가 우러러 보던 담임목사님들은 교회 성장과 성장 방법론에 관심이 많았다. 복음의 본질이 무엇이며, 교회가 어떻게 세상 속으로 나가 하나님 나라를 세워 갈지에 대한 관심이 없었다. 그러니 양육 체계도 없고 제자 훈련이나 선교사 파송도 몰랐다. 오직 새 가족이 늘어나 성도가 많아지고, 헌금이 많아지고, 번듯한 교회 건물을 짓는 것이 최고의 사명이었다.

내가 신앙으로 거듭나고 되돌아보니, 그런 교회론이 얼마나 엉터리였는지 알게 되었다. 주일 설교 때마다 목사님들은 인간적인 열심과 도덕적인 비판으로 목소리가 커졌고, 교회의 비전도 오직 교회 건축에 집중되어 있었다. 심지어 세상은 무서운 심판을 받고 교회만 하나님 나라라고 가르쳤다.

이렇게 말한다고 해서 내가 무교회주의자이거나 반성장주의자라는 것은 아니다. 교파와 제도를 무시하는 것도 아니다. 다만 교회가 성장해서 어떻게 주의 일을 할 것인지, 하나님 나라를 어떻게 세울 것인지, 선교를 어떻게 할 것인지, 세상을 어떻게 변화시킬 것인지의 청사진이 없었다는 점, 그래서 제자 훈련이나 양육 체계가 없었다는 점을 말하고 싶을 뿐이다.

오직 교회 성장만 강조하던 시대 속에 자라면서, 어찌 보면 내가 복음을 듣지 못했던 것은 당연해 보였다. 하지만 열아홉 살 때 하나님의 주권으로 복음을 듣고 거듭나자 세상이 온통 달라 보였다. 마치 알에서 깨어나는 기분이 들었다.

복음이 내게로 와서 내 영혼을 송두리째 흔들어 놓자, 하염없이 눈물이 흘렀던 기억이 있다. 구원의 감격과 황홀함 속에서 말이다. 하나님을 인격적으로 만난 내 영혼은 율법적으로 살 필요가 없었다. 자발적인 순종으로 매일 새벽기도 가고, 매일 말씀을 읽고, 모든 철야예배를 드려도 지루하지가 않았다.

그 이전까지는 내 힘으로 성경을 읽지 못했는데 이제는 내 주하시는 성령님과 친밀한 교제를 누릴 수 있게 되었다. 영적으로 변화된 내 모습을 가족과 주변 사람들이 보고 당황했다. 복음은 내 영혼이 하나님을 향하도록 재정렬시켜 버렸다.

은혜로 구원을 받은 사람은 믿음을 조건으로 보지 않는다. 하나님이 베푸신 사랑으로 이해한다. 인간의 행위를 강조할 때도 구원을 받은 게 감사해서 열심을 내는 것이다. 우리가 받은 구원이 전적인 하나님의 은혜라고 말하는 것은 인간의 영적인 현실 때문이다. 바울은 구원받기 전의 인간 상태를 다음과 같이 묘사한다.

우리도 전에는 어리석은 자요 순종하지 아니한 자요 속은 자요 여러 가지 정욕과 행락에 종노릇한 자요 악독과 투기를 일삼은 자요 가증스러운 자요 피차 미워한 자였으나 (딛 3:3)

동시에 에베소서에서는 구원받기 이전의 죄의 상태를 다음과 같이 설명한다.

> 그때에 너희는 그 가운데서 행하여 이 세상 풍조를 따르고 공중의 권세 잡은 자를 따랐으니 곧 지금 불순종의 아들들 가운데서 역사하는 영이라 전에는 우리도 다 그 가운데서 우리 육체의 욕심을 따라 지내며 육체와 마음의 원하는 것을 하여 다른 이들과 같이 본질상 진노의 자녀이었더니 (엡 2:2~3)

하나님과 관계가 깨어진 인간의 상태는 단순히 찰과상 정도를 입은 게 아니다. 성경은 완전히 죽은, 절망적인 상태라고 말한다. 죽은 자는 생명이 없다. 하나님께 나아갈 수 없는 것이 당연하다. 하나님의 지식을 알 수도 없다. 오직 하나님이 먼저 나에게 오시지 않고서는 구원받을 수 없는 상태였던 것이다.

쉬운 예로 장례식을 생각해 볼 수 있다. 장례식에 가 보면 산 자와 망자뿐이다. 살아 있는 사람은 움직이지만 죽은 자는 움직이지 못한다. 우리가 그렇게 죽은 자였다는 것이다. 입관예배를 드리면 관에 시신이 꿈쩍도 못하는 것을 보게 된다. 우리가 그와 같은 존재였다는 것이다. 그렇게 죽은 자가 어떻게 말을 하고, 하나님을 알고, 구원을 받으러 나올 수 있겠는가?

이런 의미에서 믿음의 반대말은 불신이 아니라 행위임에 틀림이 없다. 믿음은 내가 믿는 게 아니다. 하나님이 은혜로 주신 선물인 것이다. 하나님이 죄인을 위해 십자가에 내어 주신 예수 그리스도를 구원자로 알고 믿는 것이다. 이런 구원은 하나님이 시작하셨고 하나님이 마침내 완성하실 것이다.

### 진리의 목마름이 있는가

기독교가 타 종교와 다르다고 말하는 이유는 오직 은혜 때문이다. 구제와 봉사와 긍휼은 타 종교도 흉내 낼 수 있지만 구원이 하나님의 은혜로부터 온다는 것은 오직 기독교만이 가르치는 진리이다. 우리는 하나님이 자비를 베풀어 주셔서 차별 없이 누구나 값없이 구원을 받게 되었음을 믿는다.

따라서 하나님이 이루어 주신 십자가의 복음을 믿고 구원을 받았다는 사실을 평생 잊어버리면 안 된다. 이러한 전제 없이 단순히 세상의 성공과 축복을 이야기하는 것은 인본주의적인 사상이라고 밖에 말할 수 없다. 자기 계발서나 적극적 사고방식은 이러한 죄의 문제를 감추려고 한다.

이런 의미에서 기독교의 인간론은 무조건적으로 낙관적이지 않다. 오히려 철저한 비관론이라 보는 것이 정확하다. 그러나 십자가 안에 들어오면 인간의 어떠한 절망도 희망으로 바뀌게 됨을 말하고 있다.

예수를 믿고 구원을 받은 자는 어떤 절망 속에서도 새로운 희망을 꿈꿀 수 있게 된다. 왜냐하면 하나님을 떠난 인간은 결코 소망이 없으며 인간을 교육시키고 제도를 바꾼다고 해서 세상이 개선되거나 더 나아지지 않기 때문이다. 하나님의 은혜가 나타나 십자가에서 옛사람은 죽고 새사람으로 다시 태어나야만 희망이 있는 것이다. 그러므로 복음은 구원이 하나님의 손으로만 가능한 일이며 내 노력으로 얻는 것이 아님을 강조한다.

고등학교 시절 연말연시 TV에서 방영하는 불교 영화를 본 적이 있다. 영화의 제목은 잘 생각나지 않지만 줄거리를 선명히 기억하고 있다. 영화 속 주인공은 휴머니즘을 추구하는 사람이었다. 고뇌에 찬 구도자로서 진리에 대한 목마름을 갖고 있었다. 그는 구원의 길을 알고 싶었다. 자신은 진실되고 싶었으나 마음대로 되지 않았다. 그래서 마음과 생각 속에 거짓말, 나쁜 말, 미움과 살인 등으로 갈등하며 몸부림치고 있었다.

그는 이 나쁜 생각들이 어디서 비롯되었는지 궁금했다. 자신은 깨끗하고 순수하게 살고 싶은데 도무지 길이 없었던 것이다. 할 수 없이 그는 속세를 떠나 출가해 불교에 귀의하게 된다. 사찰에서 수행하며 금욕적인 삶으로 완전한 자유를 경험하고 싶었기 때문이다. 그렇게 그는 여러 가지 고행과 금욕적 훈련을 통해 자신을 단련시켜 나갔다.

그럼에도 불구하고 그의 마음속에 나쁜 죄가 끊이지 않았다. 욕망이 더 불타오르고 있었다. 할 수 없이 특단의 조치를 내렸다. 앞으로 나쁜 생각이 들 때마다 자신의 손가락을 절단해 버리기로 결단한 것이다. 결국 하루하루 점차 시간이 가며 충격적인 일이 벌어지고 말았다. 그의 손가락과 발가락이 하나도 남지 않게 된 것이다.

　상당히 지루했지만 이 영화는 구원받기 전 인간의 율법적인 모습을 보여 주는 것 같았다. 아무리 스스로의 힘으로 의로워지려고 해도 결국 실패할 수밖에 없는, 죄와 죽음의 고통 속에서 절망할 수밖에 없는 인간의 모습 말이다.

# 11
# 끊을 수 없는 사랑 이야기, 영원한 복음

> 이 예수를 하나님이 그의 피로써 믿음으로 말미암는 화목제물로 세우셨으니
> 이는 하나님께서 길이 참으시는 중에 전에 지은 죄를 간과하심으로
> 자기의 의로우심을 나타내려 하심이니 곧 이때에 자기의 의로우심을 나타내사
> 자기도 의로우시며 또한 예수 믿는 자를 의롭다 하려 하심이라
> **롬 3:25~26**

나는 회심을 말할 때마다 사랑에 빠진 상태라고 말하는 것을 좋아한다. 어린아이 같은 믿음으로 시작했으나 하나님에 대해 서서히 눈을 떠 가게 되었다. 매일 성경을 읽고, 매일 기도하고, 예배가 기다려졌다.

그런데 구원의 기쁨과 자유함도 잠시 다른 고민이 몰려왔다. 믿음을 가지고 세상 속에서 살아간다는 것이 무엇인지 알기 위해 상당한 시간이 필요했다. 복음을 믿는 것은 쉬워도, 복음에 합당하게 살아가는 것은 고민이 필요했다.

앞서 나눈 타이타닉 이야기에서는 기독교의 구원이 물에 빠진 사람을 건져 내는 것과 같다고 말했다. 그러나 물에 빠진 자를 건지는 것만이 성경이 말하는 구원의 전부일까? 성경의 구

원은 단면적이 아니라 입체적이며 총체적이다. 다시 말해서 내가 물에서 건짐받았다면 현장 심폐소생술로 끝나지 않고, 종합병원으로 가서 건강검진을 받아야 한다. 저체온증은 없는지, 다른 이상은 없는지 체크하면서 말이다. 그리고 그것이 전부가 아니라 다시 일상생활로 복귀할 수 있도록 도와줄 수 있어야 하는데 이것이 구원의 총체적 모습이다.

### 풍성한 삶에 대한 이해

회심을 경험한 뒤 나는 방황하는 시간이 필요했다. 내 인생을 향한 하나님의 계획이 무엇인지 잘 몰랐기 때문이다. 구체적으로 말하자면 기독교 세계관에 무지했던 것이다. 은혜를 받으면 무조건 신학교 가는 것이라 배웠기에 하나님 나라의 풍성한 삶이 무엇인지 이해하기가 어려웠다. 그래서 바울은 하나님의 구원을 찬송하면서 부르심의 문제를 위해 기도하라고 했다.

> 우리 주 예수 그리스도의 하나님, 영광의 아버지께서 지혜와 계시의 영을 너희에게 주사 하나님을 알게 하시고 너희 마음의 눈을 밝히사 그의 부르심의 소망이 무엇이며 성도 안에서 그 기업의 영광의 풍성함이 무엇이며 그의 힘의 위력으로 역사하심을 따라 믿는 우리에게 베푸신 능력의 지극히 크심이 어떠한 것을 너희로 알게 하시기를 구하노라 (엡 1:17~19)

산 넘어 산이라고, 부르심을 알고 나니 믿음의 여정에 커다란 장애물이 나타났다. 아이러니하게도 그것은 복음을 설명하는 신학적 교리로 인해 발생했다. 왜냐하면 구원의 교리는 단순할지 몰라도 언약이 성취되기까지 성경 속 구속사는 매우 심오한 배경을 가지고 있었기 때문이다.

복음의 본질은 언약의 강물 속에서 은혜가 흐르는 사랑 이야기이다. 측량할 수 없는 하나님의 사랑은 높고, 넓고, 깊어 측량하기가 어렵다. 게다가 사랑의 하나님을 표현하는 구원의 시제는 과거, 현재, 미래로 쓰여 있기에 문맥을 이해하지 않으면 저자의 의도를 해석하기가 녹록하지 않다.

실제로 구원론과 관련해 수많은 이단과 사이비 종파들이 나타나 성도들을 미혹하는 것도 모두 여기에서 기인한다. 그러므로 복음은 단순하지만 심오한 진리임을 반드시 명심해야만 한다. 겸손하지 못할 때 성령님을 거스르고 성경을 자의적으로 해석할 수 있기 때문이다. 복음의 본질과 관련해 몇 가지 혼란스러웠던 내용을 소개하자면 아래와 같다.

첫째, 예수 믿으면 천국 간다?

이것은 현재 나의 삶이 하나님 나라와 어떤 연관성이 있는지 구체적으로 말해 주지 못한다. 단순히 구원 이후 세상에서는 내 맘대로 살다가 죽을 때 천국 가는 티켓을 얻은 정도로 생각하게 만들 수 있다. 구원은 모의고사 커트라인 점수를 넘기는 게 아니고 언약 안에서 이루어지는 하나님과의 관계로 이해해야 한다.

둘째, 구원은 믿음으로 얻는다?

이것은 자칫 구원받는 데 행함이 필요 없다는 말로 들리기 쉽다. 믿음에는 행함이 전제되고 내포되어 있음에도 마치 행함이 없어도 되는 믿음으로 착각하게 만들어 그리스도인의 윤리를 약하게 만들 수 있는 소지가 있다. 그러나 은혜로 받은 구원과 책임적인 삶은 결코 분리되지 않는다는 것을 설명해 주어야 한다.

셋째, 이신칭의 믿음으로 의롭다 함을 받는다?

마틴 루터에 의해 종교개혁을 촉발시킨 이신칭의 구원은 믿음으로 구원을 받는다는 것을 강조했으나 자칫 자기만족에 빠지고 개인 구원만 강조될 수 있는 위험이 있다. 즉 그리스도인의 사회적 책임과 종말론적이고도 공동체적인 구원이 약화될 소지가 있다.

넷째, 나의 믿음인가 그리스도의 믿음인가?

솔직히 나는 거듭나고 믿음이란 단어를 이해하는 데 오랜 시간이 필요했다. 부흥사들의 응급 수술과도 같은 설교 때문이었다. 응급 환자를 치료하는 단순한 설교도 중요하다. 그러나 도대체 내가 하나님을 믿는다는 것인지 아니면 하나님이 믿음을 선물로 준다는 것인지 신앙의 주체를 혼동할 때가 한두 번이 아니었다.

성경에서 말하는 믿음은 언제나 언약을 지킨다는 것을 의미하고 있음에 유의해야 한다. 상호 간 체결되어지는 언약을 서로에게 지킬 때 그것을 믿을 만하다, 신뢰할 만하다, 신실하다라고 말하는 것이다. 예컨대 언약은 두 행위자 간에 이행되는 것이므로 하나님의 신실하심에 나의 신실함이 반응하는 것을 의미한다. 하나님이 행하신 일을 내가 신뢰하고 받아들이고 동의한다는 것을 말한다.

다섯째, 십자가의 복음과 하나님 나라 복음이란?

종교개혁은 부패한 가톨릭과 전투적으로 싸우며 나왔기에 마틴 루터에 긍휼한 마음을 가질 필요가 있다. 가톨릭의 공로주의 사상에 반대하여 믿음을 강조해야 했기에 십자가의 죽음을 강조할 필요가 있었다. 그러다 보니 성경 전체에서 하나님 나라를 간과할 때도 있었다. 동시에 십자가의 죽음만 지나치게 강조하다 보니, 나부터가 부활하신 주님을 바라보지 못할 때가 많았다.

이 두 개의 중심 사상은 상호 배타적이지 않음을 유의해야 한다. 오히려 십자가와 하나님 나라는 상호 보완적이며 유기적인 것이다. 몸으로 비유하자면 십자가의 복음은 심장이고, 하나님 나라는 척추와 같다. 하나님 나라를 가져온 예수님은 두 가지 내용을 소홀히 하거나 간과하시지 않았다. 오히려 십자가를 통해 하나님 나라를 세우셨다.

십자가만 지나치게 강조하면 부활의 주님을 소홀히 여길지 모르고 삼위일체 성령님을 소홀히 다룰 수 있다는 것을 각별히 신경 써야 한다. 예수님은 십자가로 승리하시고 하늘 보좌에 오르셔서 이 세상에 하나님 나라를 세워 가도록 성령을 보내 주셨다. 그럼에도 십자가의 복음만 강조하다 보면 자칫 성령의 역할을 축소할 수도 있으니 조심할 필요가 있다.

### 내가 복음을 오해한 이유

위의 다섯 가지 중 내게 어려웠던 문제는 십자가와 하나님 나라의 관계였다. 도대체 성경에서 말하는 십자가와 하나님 나라는 어떤 관계일까? 이에 대해 분명히 성경은 율법과 선지자들과 시편이 증거하는 약속을 모두 완성한 것이 예수님이라고 말씀하고 있다(눅 24:27).

그러므로 예수님이 완성하신 언약의 성취인 십자가를 통해 사람은 하나님 나라에 들어가게 되는 것이다. 십자가가 구원의 복음이라고 말한다면, 하나님 나라는 구원의 청사진을 보여 주는 것이다. 또한 하나님이 통치하시는 나라의 백성들은 어떻게 살아가야 하는지 보여 주고 있다. 이제 믿음 안에서 하나님의 상속자가 되어 부활하신 예수와 함께 보좌에서 세상을 다스리고 있음을 말하고 있는 것이다(엡 2:6).

내가 복음을 오해했던 것은 십자가의 죽음을 지나치게 강조하여 부활하신 주님을 바라보지 못했다는 데 있었다. 하지만 성경은 분명히 말한다. 성령 세례를 통해 받은 구원에서 멈추지 않고 그 이후 계속해서 성령 안에서 부활하신 주님과 성장해 나가는 것으로 말씀하고 있다.

> 너희 안에서 착한 일을 시작하신 이가 그리스도 예수의 날까지 이루실 줄을 우리는 확신하노라 (빌 1:6)

> 그러므로 나의 사랑하는 자들아 너희가 나 있을 때뿐 아니라 더욱 지금 나 없을 때에도 항상 복종하여 두렵고 떨림으로 너희 구원을 이루라 (빌 2:12)

> 술 취하지 말라 이는 방탕한 것이니 오직 성령으로 충만함을 받으라 (엡 5:18)

> 내가 이르노니 너희는 성령을 따라 행하라 그리하면 육체의 욕심을 이루지 아니하리라 (갈 5:16)

성경이 이렇게 말하고 있는데, 칭의에만 머물던 때가 나에게도 있었다. 구원 이후 성화의 문제임에도 나는 칭의와 이것을 혼동했다. 예수님은 우리의 몸이 이미 깨끗해졌으니(칭의) 나머지 발만 씻으면 된다(성화)고 말씀하셨다. 더 이상 이 세상의 질서에 속한 것이 아니라 하나님 나라의 질서에서 통치와 다스림을 받아야 하는 것이다.

우리는 구원을 도우시는 성령님 안에서 이 작업을 함께 해나가야 한다. 구원 이후 새사람이 되었지만 아담의 몸과 새사람이 한 몸 안에 공존하기 때문이다. 그로 인해 가치관이 충돌을 일으키는 것인데, 예전의 나는 구원 자체를 잃어버리는 것으로 착각하는 경우가 많았다.

한때 부흥 집회에서 죄를 용서받기 원하는 사람은 무대 앞으로 나오라고 할 때마다 나가곤 했다. 나는 내가 구원받지 못했기에 죄에 넘어지는 줄 알았다. 칭의 이후 성화에서도 성령의 도움을 받아 성숙해 가는 것임을 깨닫지 못했기 때문이다. 마치 홍해는 은혜로 건넌 후, 약속의 땅에서는 자기 맘대로 살려고 했던 이스라엘 백성들처럼 말이다.

십자가 복음은 믿음으로 이미 우리가 구원을 얻었지만 하나님 나라가 아직 완성되지 않았다고 말한다. 하나님 나라는 이미와 아직 사이에서 선교를 통해 지금도 완성되고 있는 중이다. 십자가로 패배한 사탄과 세상은 일시적으로 구원받은 성도들을 공격하기도 한다. 자신의 때가 얼마 남지 않아 발악을 하는 것과 같다.

구원을 받았다고 해서 자기 마음대로 공동체를 이탈해 버리면 실족할 수도 있으니 조심해야 한다. 포도나무와 가지의 비유처럼, 가지가 포도나무를 떠나서는 생명을 유지할 수 없기 때문이다(요 15:5). 이것이 구원 이후 우리가 계속 성령의 지배를 받으며 하나님의 은혜 아래 거해야 하는 이유이다.

복음은 예수를 믿으면 누구나 구원을 받는다고 말한다. 그런데 시간이 흐르고 신앙이 느슨해지자 다른 복음을 말하는 자들이 나타나 잘못된 방법으로 복음을 전하기 시작했다. 믿음을 인격이 아니라 이성으로만 깨달으면 구원받는다고 주장하는 사람들이 나타났다. 바울의 복음도 이와 같은 것이라고 가르쳤다. 바울은 그렇게 말하지 않았는데 거짓 교사들이 나타나 복음의 진리를 왜곡시켜 버렸던 것이다.

야고보는 이러한 잘못된 복음에 대해 말하고자 야고보서를 기록했다. 즉 구원은 값싼 믿음으로 받는 게 아니라고 말한다. 진정한 믿음은 행함이 분리되어 있지 않다고 강조했다. 다시 말해서 복음을 믿는다고 할 때 지식이 아니라 체험을 강조하고 있는 것이다.

이미 로마서에서 바울도 야고보와 같은 복음을 말한 바 있다. 즉 복음은 하나님의 아들에 대해 아는 것과 그분을 주님으로 인정하는 것, 그리고 믿음에 순종하는 것이라고 말이다(롬 1:2~6). 하나님의 아들 예수 그리스도를 믿는 것뿐 아니라 믿음에 순종(반응)하여 온전한 구원을 받게 되는 것이다.

이와 같이 성경의 믿음은 행함과 결코 분리되지 않는다. 동전의 양면처럼 하나가 되어야 한다. 그렇지 않을 경우 잘못된 구원론에 미혹될 수 있으니 분별해야 한다.

김형익은 『율법과 복음』에서 교회 안에 만연한 복음의 오해를 다음과 같이 설명하고 있다.

어떤 장로와 집사가 교회에서 함께 신앙생활하고 있었다. 믿음이 좋기로 소문난 장로는 평일 주중 예배, 모든 사역, 구제와 봉사에 빠지지 않고 교회 일을 거의 도맡아서 했다. 이러한 열심 때문인지 주위 사람은 장로님의 믿음을 칭찬했고 그의 사업도 성공 가도를 달리고 있었다. 물질로도 교회에 봉사하고 그의 자녀들까지 하나님의 축복으로 좋은 대학에 들어갔다며 모든 사람들은 장로님의 믿음을 부러워했다.

반대로 같은 교회의 집사는 한때 사업이 잘되다가 최근에 매우 어려워지게 되었다. 이로 인해 교회에도 잘 나타나지 않고, 주일예배도 빼먹게 되었다. 평일 모임이나, 사역을 제대로 못하고 설상가상으로 건강마저 나빠져 삶이 더 힘들어졌다. 게다가 자녀들마저 좋은 대학에 진학하는 데 실패하고 말았다. 그래서 그는 늘 장로님의 믿음과 비교 의식을 느끼며 자신의 믿음 없음을 부끄러워하고 있었다.

신앙생활에서 이 두 사람 중 누가 올바른 믿음을 가지고 있다고 보아야 할까? 김형익에 따르면 둘 다 아니라는 것이다. 복음은 예수를 믿음으로 우리가 구원을 받는 것이지 인간의 행위나 자랑, 선행이나 조건으로 받는 게 아니기 때문이다.

그런데 우리 생각과는 다르게 교회가 타락할수록 율법주의가 믿음인 것처럼 둔갑해 버리는 경우를 자주 목격하곤 한다. 복음의 적은 항상 율법주의였다는 말은 틀리지 않았다. 하나님이 하신 게 아니라 인간이 한다는 잘못된 공로 의식의 발로에서 비롯됨을 알아야 한다.

### 영적 자유와 기쁨, 순종

복음을 잘못 배우면 율법주의로 살아가게 된다. 여기서 율법주의는 두 가지 극단적 형태로 나타나는데, 복음에서 벗어난 자기중심의 신앙생활을 가리킨다. 예수를 믿으면 이미 구원받았으니 내 마음대로 죄를 지으며 살아도 된다는 자유주의자들과 예수를 믿으면 이미 구원받았으니 완벽해야 한다는 문자주의자들이 있다. 이 둘은 모두 인간의 생각으로 구원을 받으려 한다는 점에서 동일한 율법주의자들이라 볼 수 있다.

성경은 한 번도 그런 구원을 말하지 않았다. 성경에서 말하는 복음은 어떤 구원론을 가리키고 있을까? 우선 예수를 믿어 거듭나면 영적인 자유함과 기쁨을 누리게 된다. 하지만 여기서 멈추지 않는다. 구원받은 자는 계속해서 성령 안에서 믿음과 순종의 삶을 살아야 한다. 옛사람을 벗어 버리고 새사람을 덧입어야 한다. 그러지 않으면 구원받은 자라도 말씀에 순종하지 못하고 성령의 인도함을 받지 못하게 된다. 이런 의미에서 로마서는 육신의 사람과 성령의 사람이 있음을 명확하게 구분하고 있다(롬 8:5). 이를 영적으로 잘 분별할 필요가 있다.

율법주의는 은혜를 잘 모르기에 남의 죄는 현미경으로 보고 자신의 죄는 망원경으로 본다. 아직도 십자가의 복음이 무엇인지 모르고 자기가 뭔가 된 줄로 착각하여 남을 쉽게 비판한다. 자신이 하나님의 자리에 오르고 독선적으로 행동한다. 자신이 언제나 옳으며 다른 사람보다 낫다고 우월의식을 가진다.

예수님은 이러한 사람을 신랄하게 비판하셨다. 이들의 겉과 속이 다른 모습이기 때문이다. 율법주의자가 많은 곳에는 분위기가 험악해진다. 왜냐하면 참된 자유와 사랑을 느낄 수 없기 때문이다.

1978년 만들어진 고전 영화 〈사운드 오브 뮤직〉이 있다. 2차 세계대전을 배경으로 하는 영화다. 이 영화의 주인공은 폰 트랩이라는 해군 대령인데, 그에게는 일곱 명의 자녀들이 있었다. 그 혼자서는 하루하루 자녀들을 양육하기가 힘에 부쳤다. 한편 수녀원에는 마리아라는 젊은 수녀가 있었는데 말썽을 부리기 일쑤였다. 수녀원 원장은 그런 마리아를 훈련차 폰 트랩가의 가정교사로 파견했다. 이렇게 해서 두 사람의 운명적인 만남이 시작된다.

군인답게 폰트 랩 대령은 평소 자녀들을 엄격하고 까다롭게 다뤘다. 자녀들을 군대식으로 훈련했다. 그의 집을 방문한 첫날 마리아는 대령이 자녀들을 부르는 모습을 보고 충격에 빠지고 만다. 자녀들 이름도 없이, 호루라기를 불 때마다 번호에 해당하는 자녀가 나와서 인사를 했기 때문이다. 아이들 모두 군인 같았다.

마리아는 모성애로 아이들을 돌보기 시작했다. 마치 성령님처럼 이들의 마음을 하나님의 위로로 채워 나갔다. 아이들은 하나님의 은혜로 하루가 다르게 변해 갔다. 서로 사랑을 주고받는 존재로 자라게 되었다. 그리하여 마침내 주인공 대령까지도 진정한 사랑을 알게 되고 가정이 회복되는 것을 경험한다.

복음은 하나님께 항복한다는 신앙고백이다. 내 힘으로 살 수 없으니 하나님을 의지해 살겠다는 고백이다. 하나님 앞에 나오기 전까지 나의 모든 노력은 헛되다는 것을 아는 것이다. 나의 옛사람을 허물고 하나님 안에서 다시 태어나야 한다는 것을 인정하는 것 외에 다른 것이 아니다.

한 번 예수를 믿고 구원받으면 인간의 행위는 필요 없는 것일까? 전혀 그렇지 않다. 이것은 복음을 오해했기에 발생하는 문제이다. 성경은 구원을 받기 위한 행위는 잘못된 것이지만, 구원받은 것에 감사해서 노력하는 것은 선한 행실이라 말하기 때문이다. 맥스 루케이도(Max Lucado)는 칭의와 성화의 관계를 이렇게 표현한다.

> 칭의는 있는 모습 그대로 하나님께 나오는 것이다. 그러나 성화는 있는 모습 그대로 살면 안 된다.

하지만 우리는 복음을 거꾸로 이해할 때가 많다. 칭의는 내 힘으로 얻으려 하고, 성화는 하나님이 다 알아서 해 달라고 요청하면서 말이다. 성경에서 말하는 온전한 복음은 오직 믿음으로 구원을 얻지만, 구원받은 자는 책임 있게 살아야 함을 일관되게 보여 준다. 그것은 마치 나무줄기가 나무뿌리와 유기적으로 하나 되어 성장하는 것과 같은 원리이다.

칭의가 뿌리라면 성화는 줄기와 열매에 해당한다. 그것이 성경에서 말하는 은혜(Gabe)와 책임(Aufgabe)의 관계이다. 은혜는 책임에 영향을 주고 책임은 은혜에 영향을 주는 관계가 예수님이 가르치신 복음이다. 따라서 구원이란 은혜를 받고 적당히 살도록 만들지 않는다.

잘못된 헬라 철학과 이원론 사상처럼 이성적으로 동의하면 구원받는 것이 아니다. 거듭난 사람은 반드시 행위와 결단이 수반되며 책임 있는 존재로 성장해 간다. 그래서 지속적으로 믿음 안에서 살아가며 성령 안에서 하나님의 사랑에 감사하여 선한 행실로 열매 맺어 간다. 하나님의 형상을 이루기까지, 성령의 아홉 가지 열매로 성숙한 삶을 살아가면서 말이다.

이러한 노력은 칭의를 받기 위해 노력하는 것과 차원이 다른 것이다. 구원받은 것이 너무 감사해서 선한 행실로 살아가는 것뿐이다. 어떤 사람은 하나님 나라의 백성이 되는 제자 훈련을 행위로 은혜를 얻는 것으로 오해하기도 한다. 하지만 성경이 말하는 복음의 본질은 은혜가 성화의 노력을 반대하는 것이 아니라 은혜를 노력으로 얻는 것에 반대하고 있음을 분명히 한다.

복음은 칭의와 성화가 분리되어 있지 않고 하나임을 강조한다. 바울이 쓴 서신서들에서 구원의 직설법 이후 명령법이 나오는 이유는 바로 이러한 원리 때문이다. 복음을 오해하면 율법주의자가 되듯, 복음을 축소하면 자유주의자가 될 수 있음을 조심해야 한다.

이를 가장 잘 보여 주는 대표적 예가 이창동 감독의 영화 〈밀양〉이다. 이 영화는 값싼 은혜, 값싼 구원이 무엇인지 정확하게 보여 주고 있다. 하나님의 사랑을 제대로 이해하지 못하면 자유주의자가 될 수 있는 가능성을 영화에서는 보여 주고 있다. 진정한 구원을 받은 자라면 용서받은 자의 태도가 어떠해야 하는지를 생각해 보게 만드는 영화이다.

이 영화는 아들을 납치당하는 한 여인을 소개하면서 이야기를 시작한다. 어느 날 그녀는 사랑하는 아들이 납치되었다는 소식을 듣는다. 그 아들은 끝내 죽은 채로 돌아온다. 정신적 충격을 받은 그녀를 교회 성도들이 도와서 치유와 회복을 경험하게 한다.

공동체의 사랑과 돌봄으로 용기를 얻은 그녀는, 자기 아들을 죽인 자를 만나 보기 위해 교도소를 찾아갔다가 큰 충격을 받는다. 왜냐하면 가해자가 용납할 수 없는 태도를 보이기 때문이다. 아들을 잃고 어렵게 신앙에 귀의하여 고통을 견뎌 내는 그녀 앞에서, 가해자는 히죽 히죽 웃으면서 "나도 예수 믿고 용서받았다"라고 말한다. 아니, 자녀를 납치하고 죽인 가해자가 어떻게 이럴 수 있는가? 그녀는 충격을 받는다.

과연 가해자의 태도는 진정으로 용서받은 자의 태도일까? 이 영화는 우리에게 묻고 있는 것이다. 가해자의 값싼 은혜, 값싼 구원을 경멸하며 그녀는 오히려 기독교를 떠나 버리고 만다. 만약 가해자가 감옥에서 진정으로 예수를 믿고 구원을 받게 되었다면, 응당 피해자에게 겸손한 태도로 나왔어야 했다. 용서받은 자로서 책임감이 있다면 당당하게 얼굴을 들 수 있겠는가? 그것은 오만과 교만의 태도라고 밖에 볼 수 없다. 진정한 구원을 받은 자라면 책임 의식을 갖고 살아야 했을 것이다.

### 모든 능력이 그 안에 있다

그렇다면 성경이 일관되게 강조하는 복음이란 어떤 것일까? 구원은 인간으로부터 오는 것이 아니라 하나님으로부터 오는 것임을 알아야 한다. 하나님은 왕이시고 우리는 하나님의 통치를 받는 백성이기 때문이다.

이것은 모세의 율법과 선지자들과 시편에 의해 증거를 받은 것이다(눅 24:44). 바울은 이러한 하나님의 약속을 '유앙겔리온(euangelion)'이라는 로마의 용어를 차용해 설명했다(롬 1:1). 그리스도께서 하나님의 뜻을 모두 성취하신 왕이라는 의미에서 말이다. 마가는 그것을 '하나님의 복음'이라고 표현하기도 했다.

요한이 잡힌 후 예수께서 갈릴리에 오셔서 하나님의 복음을 전

파하여 이르시되 때가 찼고 하나님의 나라가 가까이 왔으니 회개하고 복음을 믿으라 하시더라 (막 1:14~15)

하나님은 창조주이기에 구원에 대한 모든 계획을 가지고 계셨다. 혹여 창조된 인간이 죄를 범할지라도 언약과 구속사의 계획에 따라 구원할 수 있는 준비를 해 놓으셨다. 전지하고 전능한 하나님이시기 때문이다. 그것을 이스라엘이라는 시간과 공간의 역사 가운데 구체적으로 드러내셨다. 이런 의미에서 이스라엘의 역사는 구속사의 신비이다.

이스라엘의 역사는 일반 역사와는 다르게 하나님 나라의 전개 방식을 보여 준다. 다윗의 씨(후손)를 통해 메시아가 오시고, 하나님이 우리의 왕이 되어 주신다는 신실한 약속의 이행을 보여 주고 있다. 그 약속은 궁극적으로 십자가에서 성취되었으며 예수 그리스도는 십자가로 하나님 나라를 완성해 놓으셨다.

그러므로 이제 누구든지 십자가의 죽음과 부활을 믿으면 하나님 나라의 백성이 될 수 있다(요 3:16, 고전 15:3~8). 하나님은 복음을 통해 잃어버린 영혼을 회복하고자 당신의 열심을 나타내셨다. 신분, 성별, 계급, 문화, 민족에 차별이 없다(갈 3:28). 이것이 하나님 나라의 복음이다.

하나님은 회개와 믿음의 방식으로 구원의 길을 만드셨다. 왕 되신 하나님이 하신 일을 인정하고 믿게 함으로써 하나님의 자녀가 되게 하신 것이다. 누구나 믿음의 순종으로 그리스도 안에서 믿음의 연합을 이루게 된다. 믿는 자마다 상속자가 되어 하나님 나라를 유업으로 받을 수 있게 된다. 구원을 받은 하나님의 백성은 흩어져 온 세상에서 하나님의 왕이심을 선포할 수 있다. 하나님의 주권이 인정되는 곳마다 하나님 나라가 세워진다.

지금도 하나님의 뜻에 불순종하는 자들이 있다. 하나님 때문이 아니라 자신의 죄와 교만함 때문이다. 창조주 하나님이 필요 없다고 생각하는 사람은 겸손하지 않아 자신이 하나님이 되어 있기 때문이다. 그러나 하나님의 아들이 나를 사랑해서 죽기까지 낮아지셨다면, 우리는 얼마나 더 낮아져야 하는가?

은혜를 받은 사람은 하나님의 높으심을 알고 나의 무가치함을 아는 자들이다. 성령이 이들에게 구원의 신비를 알게 하신 것이다. 내가 믿은 게 아니라 하나님이 이루신 일을 받아들인 것이다. 구원의 수단인 믿음을 통해서 말이다. 내가 회개하여 구원을 얻었다는 것은 생명을 얻게 된 후 내가 믿는 것처럼 보이는 것이지 실제는 하나님이 준비하신 믿음에 접속한 것에 불과하다.

믿는 자들은 안다. 구원자이신 예수 그리스도 안에 엄청난 비밀이 숨겨져 있다. 바울은 모든 능력이 그 안에 있다고 고백한다.

그는 보이지 아니하는 하나님의 형상이시요 모든 피조물보다 먼저 나신 이시니 만물이 그에게서 창조되되 하늘과 땅에서 보이는 것들과 보이지 않는 것들과 혹은 왕권들이나 주권들이나 통치자들이나 권세들이나 만물이 다 그로 말미암고 그를 위하여 창조되었고 또한 그가 만물보다 먼저 계시고 만물이 그 안에 함께 섰느니라 (골 1:15-17)

내가 어렸을 때 어머니는 헌금을 성경 안에 함께 넣어 두곤 했다. 어머니는 작은 개척 교회를 섬겼기에 늘 주방 봉사를 하느라 정신이 없었다. 하루는 어머니가 헌금을 내야 하는데 성경을 잃어버렸다.

긴급 가족회의가 소집되었다. 우리 삼 남매는 성경이 어디 있는지도 몰랐는데, 화가 난 어머니에게 이유도 모르고 혼이 났다. 아마도 헌금이 손에 탈까 봐 걱정했던 것 같다.

다음 주에 교회에 다녀온 어머니는 성경을 찾았다며 안도의 한숨을 내쉬었다. 식사 봉사에 정신이 없어 교회 주방 한 귀퉁이에 둔 것도 잊어버렸던 것이다. 다행히 사람의 손이 타지는 않았다. 어머니가 잃어버린 성경책을 찾고는 안심하던 모습을 지금도 잊지 못한다. 성경을 펼쳐 십일조와 주정헌금이 모두 안전하게 있는 것을 보고 무척 행복해했다.

어릴 적 그 모습을 보며 믿음으로 그리스도와 연합되었다는 것이 무엇인지 깨닫게 되었다. 성경책을 잃어버리면 헌금도 함께 잃어버리는 것이다. 반대로 성경책을 찾으면 헌금도 함께 찾는다. 우리가 십자가에서 옛사람이 죽고 새사람을 입었다는 것은 바로 이것을 나타내는 것이다.

지금까지 살펴본 것처럼 죄인인 우리가 하나님의 자녀가 된 것은 실로 놀라운 은혜가 아닐 수 없다. 그것은 기적 중의 기적이다. 우리의 힘으로 된 것이 결코 아니었다. 구원은 전적으로 하나님의 힘으로 된 것임을 알 수 있었다. 우리는 복음에 의해 값없이 하나님의 의를 얻게 된 것이다. 이것이 바로 복음의 본질이다.

복음은 은혜를 강조하고, 율법은 행위를 강조한다. 그러므로 참된 은혜를 받은 사람은 내가 했다고 자랑할 수 있는 것이 하나도 없게 된다. 자랑하기보다 하나님께 감사한다. 바울은 누구보다 이것을 잘 알았다. 그래서 항상 자신의 믿음을 감사로 고백했다.

> 그러나 내가 나 된 것은 하나님의 은혜로 된 것이니 내게 주신 그의 은혜가 헛되지 아니하여 내가 모든 사도보다 더 많이 수고하였으나 내가 한 것이 아니요 오직 나와 함께하신 하나님의 은혜로라 (고전 15:10)

# 12
# 교회는 무엇으로 서는가

사람이 의롭게 되는 것은 율법의 행위로 말미암음이 아니요
오직 예수 그리스도를 믿음으로 말미암는 줄 알므로
우리도 그리스도 예수를 믿나니 이는 우리가 율법의 행위로써가 아니고
그리스도를 믿음으로써 의롭다 함을 얻으려 함이라
율법의 행위로써는 의롭다 함을 얻을 육체가 없느니라

갈 2:16

교회에서 주일마다 로마서 강해설교를 할 때였다. 목회를 하며 로마서를 강해할 수 있는 기회가 주어졌으니 감사하는 마음으로 준비했다. 1년 넘게 설교가 진행되고 있을 때 한 권사님이 찾아와 내게 말했다.

"목사님, 제발 설교 좀 잘 해 주세요. 저희를 야단만 치지 마시고 위로도 해 주세요. 세상에서 살기가 얼마나 팍팍하고 힘든지 아세요?"

그날 나는 설교자로서 쥐구멍이라도 들어가고 싶었다. 내 설교에 무슨 문제가 있는지 살펴보게 되었다. 내 설교가 겉으로 복음을 말한다고 하면서 윤리를 전하고 있었는지 몰랐다. 인간의 죄 문제를 다룬다고 하면서 마치 나는 윤리 설교를 하며

회중에게 은혜의 해방구를 열어 주지 못했던 것이다.

### 은혜의 해방구를 열어야

권사님의 말은 하나도 틀린 것이 없었다. 나는 회개하고 또 회개했다. 성경은 복음을 가르치지 도덕을 가르치는 책이 아니다. 만일 어떤 설교자가 강단에서 죄를 지적하기만 한다면 그는 복음을 전하고 있는 것이 아니다. 차라리 속 시원하게 율법주의자라고 말하는 편이 옳을 것이다.

복음서의 예수님은 복음을 그런 식으로 제시하지 않으셨다. 죄인을 만나 죄의 심각성을 아시더라도 예수님은 언제나 구원의 길을 제시해 주셨다. 하지만 언제부터인가 한국 교회는 윤리를 크게 강조하며 은혜의 해방구를 열어 놓지 못하고 있다.

목회자가 강단에서 무엇을 전하는가에 따라 교회는 넘어지기도 하고 다시 일어서기도 한다. 어떤 설교자가 되는가에 따라서 교회도 사랑 없는 진리만 강조하든지, 아니면 진리 없는 사랑만 강조하게 된다. 그러니 항상 깨어 있으며 말씀을 잘 준비해야 한다. 예수님은 복음을 선포할 때 은혜와 진리를 동시에 강조하셨지 반쪽 진리를 말하시지 않았다.

교회에서 복음을 잘못 전하게 되면 성도들은 영적인 소경으로 살아가게 된다. 믿음이 아니라 율법주의로 살아갈지도 모른다. 여기서 율법주의란 자기 생각대로 신앙생활을 하는 자유주의자와 도덕주의자를 의미한다. 예수님이 세상에 오신 목적은 우리를 죄에서 해방시키기 위해서였다. 하나님의 사랑으로써 말이다. 따라서 사랑 없이 심판을 말하는 것은 참된 복음일 수 없다는 것을 알아야 한다.

우리가 복음의 본질로 돌아가려면 성경으로 돌아가야 한다. 성경 인물 중 은혜가 무엇인지 확실하게 보여 주는 사람이 믿음의 조상 아브라함이다. 그는 오직 은혜로 구원을 얻은 믿음의 모델이자 증인이다. 아브라함의 생애는 구원을 위해 무슨 노력이나 행위를 하지 않았는데 하나님이 먼저 그에게 은혜를 베푸신 것으로 유명하다.

바울은 로마서에서 이것을 언급하는데, 사실 아브라함의 믿음도 처음부터 완전했던 것은 아니다. 그는 하나님을 경험하면서 조금씩 눈을 떠 가고 있었다. 좌충우돌하며 넘어지기를 반복했던 것뿐이다.

그 예로 창세기 12장 10~20절을 들 수 있다. 믿음으로 살겠다던 아브라함은 약속의 땅에 기근이 찾아오자, 곧장 애굽으로 도망간다. 그런데 타국에서도 걱정은 끊이질 않았다. 혹시 아내를 뺏기고 자신의 생명을 잃어버릴까 봐 노심초사한 것이다.

아브라함은 그의 아내를 누이라고 속이는 거짓말을 했다. 그런데 그만 애굽 사람에게 그 사실을 들켜 애굽 왕의 대노를 일으키게 되었다. 어째서 자신을 속여 신으로부터 화를 당하게 했느냐는 것이다. 애굽 왕은 아브라함을 향해 재물과 재산을 몽땅 가지고 이곳을 속히 떠나라고 추방 명령을 내린다.

여기서 질문이 생긴다. 분명 잘못은 아브라함이 했는데, 하나님은 왜 애굽 왕에게 진노를 내리시고 있는가. 성경은 그것을 은혜라고 밖에 설명하지 않는다. 아브라함이 자신의 행위로 잘한 것이 없다는 것을 하나님은 가르쳐 주셨다. 이때부터 아브라함의 믿음은 서서히 하나님을 신뢰하게 된다. 우리의 구원도 이와 같다는 것을 보여 주려는 것이다.

바울은 아브라함 이야기를 통해 복음을 설명하고 있다. 우리도 아브라함과 같지 않았는가? 수없이 하나님에 대해 죄를 지었는데, 하나님은 왜 나를 사랑하느냐고 반문하는 것이다. 심지어 예수님이 대신 죽게 했느냐를 질문하면서 말이다.

우리가 연약할 때, 우리가 죄인 되었을 때, 우리가 원수 되었을 때 하나님은 우리를 사랑하셨다(롬 5:6~10). 이것은 구원이 행위가 아니라 은혜라는 것을 보여 준다. 누구든지 하나님의 사랑을 받아들이면 구원을 주신다는 진리가 십자가의 복음인 것을 소개하면서 말이다. 따라서 우리의 구원은 인간으로부터 올 수 없고, 언제나 '신적수동태'여야만 한다.

종종 구원받고 믿음 생활을 하다가 다시 율법으로 돌아가는 경우가 있다. 그때는 교만해지고, 하나님과의 교제가 없을 때며 내 어깨에 힘이 들어갈 때이다. 내가 뭔가 된 것으로 착각할 때가 그렇다. 바울은 로마서에서 그러한 사람의 대표적 예로 다윗을 든다. 그의 이야기를 통해 한 번 더 복음의 본질을 강조하고 있는 것이다.

많은 사람이 다윗을 영웅으로만 생각한다. 그가 믿음이 좋아서 적장 골리앗을 무너뜨렸다고 생각한다. 품성이 좋아서 사울 왕을 여러 번 살려 주었다고 생각한다. 그리고 시대를 잘 타고나서 이스라엘의 왕이 되었고, 가장 번성한 국가를 이루었다고 칭송한다.

그런데 바울은 다윗을 그런 식으로 말하지 않는다. 어떤 영웅적인 모습이나 윤리적인 탁월성을 말하지도 않는다. 왜냐하면 시편 51편에서 다윗의 민낯이 드러나기 때문이다. 그 역시 전적인 타락으로 부패한 죄인에 불과했기 때문이다. 욕정에 눈이 멀어 우리아의 아내 밧세바와 간음하고, 그것을 감추기 위해 우리아를 치열한 전투에 보내 죽이는 끔찍한 죄를 저질렀기 때문이다.

성경이 이 사실을 통해 다윗에 대해 말하고 싶은 것은 무엇일까? 아브라함과 동일한 메시지이다. 다윗이 구원받은 것은 은혜이지 행위가 아니라는 것이다. 다윗이 훌륭한 것은 회개의 사람이었다는 점이다. 그가 나단 선지자의 책망을 받고 돌이켰다는 것을 말하고 싶은 것이다. 하나님 앞에서는 회개의 믿음이 중요하지 인간적인 공로나 업적은 모두 쓸모가 없는 것이다.

솔직히 나도 목사로서 그러했다. 복음의 본질을 모르고 내가 뭔가 된 줄 착각하고 교만할 때가 많았다. 별것도 없으면서 우쭐댈 때가 많았다. 내가 은혜를 받았다고 다른 사람을 무시하고 정죄할 때가 많았다. 하지만 값없는 은혜를 알게 되자 나의 영적 비늘이 벗겨지게 되었다. 복음의 눈이 열리면서 십자가 앞에서 나를 보게 되었고, 내 안에 선한 것이나 의가 없다는 것을 알게 되었다.

기독교의 은혜는 이와 같이 하나님만 의지하게 만든다. 나는 아무것도 아니며 하나님이 하셨다는 절대주권을 바라보게 만든다. 그것이 복음의 본질이며 하나님의 주 되심이기 때문이다. 우리는 하나님의 통치를 받을 때 평안을 누릴 수 있는 존재이기 때문이다.

아쉽게도 한국 교회는 은혜로 잘 성장하다가 내 힘으로 살 수 있다는 착각을 하게 되었다. 공부도 내 힘으로 하고, 가정도 내 힘으로 돌보고, 자녀도 내 힘으로 키우고, 직장도 내 능력으로 다니고, 교회도 내 힘으로 세울 수 있다고 생각하자 위기에 봉착하게 된 것이다. 은혜를 떠나 율법으로 돌아가 버린 것이다. 하지만 그것은 매우 어리석은 일이 아닐 수 없다. 왜냐하면 하나님의 백성은 하나님을 떠나서는 살 수 없는 자들이기 때문이다.

은혜를 받기 전까지 나는 왜 모든 일을 하나님이 하셨다고 말하는지 알 수 없었다. 내가 공부를 열심히 해서 일등을 하고, 내가 열심히 땀 흘리고 연습해서 스포츠 경기에서 우승을 하고, 내가 사업해서 돈을 크게 벌어도 왜 모든 일을 하나님이 하셨다고 말하는지 이해가 되지 않았다. 그러나 은혜를 깨닫고 나서부터 이 말이 무슨 뜻인지 알게 되었다.

피조물인 우리 인간은 유한하며 미래를 알 수 없다. 오직 전

지전능한 하나님만이 우리의 미래를 알고 계신다. 이러한 피조물의 영적 무가치함을 깨닫고, 하나님의 하나님 되심을 인정하는 사람은 모든 것이 하나님의 주권에 달려 있음을 믿는다. 하나님이 우리에게 생명과 호흡과 지혜, 건강을 주서서 우리가 그 일을 할 수 있다는 사실을 이해한다. 그래서 모든 것이 하나님의 은혜라고 말하게 되는 것이다.

### 심판하기보다 용납하는 사랑

위에서 살펴본 바 구원이란 하나님으로부터 오는 것이다. 하나님이 우리를 위해 행하신 일을 믿음으로 받아들이고 인정하는 것이다. 우리의 믿음조차 하나님이 예정하셔서 선택하신 선물에 지나지 않는다. 구원을 위해 내가 한 것은 아무것도 없다. 하나님이 다 하시고 나는 믿음으로 순종했을 따름이다.

이렇게 놀라운 사랑을 받았다면 구원 이후 우리는 어떻게 살아야 할까? 무엇보다 죄의 자리를 떠나고, 옛사람의 모습을 벗어 버리고, 복음을 따라서 살아야 한다. 믿음 안에 거하며 하나님의 통치 아래 순종해야 한다. 부족한 나를 불러 주신 것에 감사하고 겸손하게 주님과 동행해야 한다. 은혜로 구원받은 자는 하나님과 교제하며 변화된 삶을 드러낸다. 곧 믿음 안에서 계속 하나님의 말씀을 듣고, 기도하고, 예배하기에 빛의 열매로 나타나는 것이다.

복음을 듣고 구원받은 자의 상태는 완전하다. 우리의 영혼은 하나님의 보좌 우편에 예수님과 함께 앉혀 있다(엡 2:6). 이제 우리 몸은 성령의 생각과 육신의 생각이 일시적으로 공존하고 있을 뿐이다. 영원한 천국으로 이주하기 전까지 일시적으로 함께 살아가는 것이다. 물론 성령이 우리의 영혼을 성전으로 삼고 자녀 된 권세를 주셨기에 내 안의 죄를 다스릴 수 있게 된다.

어거스틴(Augustine)은 『자유의지에 대하여』에서 그리스도 안에 있는 우리 모습을 이렇게 설명했다.

타락 이전: 죄를 지을 수 있는 상태
타락 이후: 죄를 지을 수밖에 없는 상태
구원 이후: 죄를 짓지 않을 수 있는 상태
죽음 이후: 죄를 지을 수 없는 상태

필립 얀시는 그의 책에서 구원 이후의 삶을 중력으로 비유한 바 있다. 하나님 나라가 완성되는 상황 속에서 여전히 세상의 죄는 우리를 끌어당기고 있다. 구원받은 사람도 죄의 유혹으로 열두 번 넘어질 수 있다.

하지만 십자가 안에 있는 우리는 생명의 성령의 법에 지배를 받아 죄에 휘둘리지 않는다(롬 8:2). 예수 이름으로 칭의를 얻었고 은혜와 진리로 참된 자유를 얻었기 때문이다. 비행기로 말하자면 기체가 4백 킬로미터 속도로 이륙해 양력과 부력으로 날아오르는 것과 같은 원리이다. 비행기가 떨어지지 않고 하늘을 나는 이유는 계속해서 전진하기 때문이다. 구원 이후 내 힘이 아니라 하나님을 의지하면 궁극적인 승리를 얻게 된다.

그런데 왜 하나님은 구원 후 바로 천국에 데려가시지 않고 죄 많은 세상에 우리를 남겨 두신 것일까? 바로 십자가로 얻은 자유를 통해 우리가 다른 사람을 섬기도록 하기 위해서이다. 하나님의 사명을 함께 이루기 위해 하나님의 일에 초대해 주신 것이다.

이런 의미에서 요한계시록은 하나님이 우리를 나라와 제사장 삼아 주셨다고 말한다(계 1:6). 나라는 하나님 나라를 말하고, 제사장은 하나님을 섬기는 자를 의미한다. 신구약 성경이 교회를 건물이 아니라 하나님의 백성(사람)이라 부르는 것은 결코 우연이 아니다. 예수님이 지상 대명령을 주시며 제자(사람)를 세우라고 말씀하셨던 것도 이와 같은 이유 때문이다(마 28:19). 분명 하나님은 혼자 일하실 수도 있다. 그럼에도 우리를 사랑하셔서 우리와 함께 일하고 싶어 하신다.

한번은 교회에서 사역을 하다가 큰 분쟁을 경험한 적이 있다. 한 사람의 실수로 교회가 큰 상처를 받았고, 많은 사람이 큰 고통을 견뎌야만 했다. 문제를 해결하는 과정도 순탄하지 않았다. 성도들이 이미 은혜파와 진리파로 나뉘었기 때문이다. 목사인 나는 중간에서 조정하느라 무척 힘들었다.

분열된 사람들은 하나 되기는커녕 서로의 약점만 파헤치고자 했다. 진리파 사람들은 한사코 뒤로 물러서려 하지 않았다.

그렇게 절망하고 있을 때 은혜파의 한 사람이 내게 찾아왔다. 옳고 그름을 떠나 자신이 잘못한 것으로 여기고 실제 잘못한 사람을 품기로 결정했던 것이다.

아무 잘못이 없는 은혜파 사람이 문제를 일으킨 자에게 찾아가 용서를 구했다. 그가 먼저 수치를 무릅쓰고 용기 내어 "다 제 잘못입니다. 용서해 주세요"라고 말하자 분위기가 달라졌다. 진리파 사람의 마음도 돌아서게 되었다. 그 역시 "아니, 잘못은 제가 했지요. 제가 더 죄송합니다"라고 말하며 자연스레 문제가 해결된 것이다. 자칫 이 일로 교회가 큰 분쟁에 휘말릴 수도 있는 상황이었지만 감사하게도 모든 것이 잘 마무리되었다.

나는 이것을 통해 십자가의 사랑이 무엇인지 깨달았다. 아무리 교회가 진리를 외쳐도 사랑이 없으면 아무 소용없다는 것을 알게 되었다. 사랑은 명사나 형용사가 아니라 동사라는 것도 알았다. 이와 비슷한 일을 우리 집에서도 경험한 적이 있다. 한번은 사춘기 아들과 집에서 큰 실랑이가 벌어졌다. 반항심 많은 사춘기 아이를 보다 더 이상 참지 못하고 그만 내가 분노를 터뜨리고 말았다. 아이를 불러 앉혀 놓고 다그치며 그동안 무엇을 잘못했는지 죄 목록을 만들어 판단하기 시작했다. 너는 이래서 잘못했고 저래서 틀렸고, 그러니 네 잘못이 셀 수가 없어 내가 화를 내는 것이라 말했다.

무려 2시간 동안 야단치면서 속이 후련해질 무렵, 옆에 있던 아내가 다가와 한마디를 했다. 내가 틀린 것은 없는데 내 말을 아들이 과연 수용할 수 있을지 반문한 것이다. 나 혼자 흥분해서 2시간 동안 떠들었지만 사실 하나도 아들에게 도움이 안 된다는 것이었다. 냉정을 찾고 보니 아내의 말이 하나도 틀리지 않았다. 내가 아이의 눈높이로 사랑해 주지 않았기 때문이다.

하나님의 사랑은 다르다. 그 사랑은 죄인 된 우리를 위하여 자신의 아들조차 아낌없이 내어 주신 은혜의 사랑이다. 구원은 은혜로 오는 것이지 율법으로 오는 것이 아니다. 그런데도 우리는 남의 죄는 크게 보고 내 눈의 들보는 전혀 알지 못한다. 하나님은 우리가 선한 일을 하거나 특별한 공로가 있어서 사랑한 것이 아니다. 먼저 용납하고 우리를 용서하기로 결정하신 것이다.

복음은 언제나 심판 이전에 용납을 강조한다. 용납이란 자비와 긍휼로 상대방의 잘못을 일시적으로 생각하지 않는 것이다. 현재의 형편없는 내 모습이 아니라 장차 변화될 미래의 모습을 보고 사랑해 주는 것이다. 이러한 십자가의 사랑은 우리를 변화시키는 놀라운 능력이 된다. 은혜받은 사람은 실수하는 사람을 보며 정죄하기보다 나에게 그런 모습이 없는지 생각할 줄 아는 사람이다. 오늘 한국 교회에는 하나님 자리에서 심판하고 정죄하는 사람보다 은혜의 용서를 베풀 줄 아는 믿음의 사람이 필요하다.

## 한 영혼이 죽기도 살기도

신구약 성경은 일관되게 우리가 자격이 있어 하나님의 자녀가 된 것이 아니라고 강조한다. 오직 은혜로, 오직 믿음으로 구원받은 것이다. 구약의 아가서는 이러한 하나님의 사랑을 잘 드러낸다.

아가서에는 술람미 여인이 나오는데, 그녀는 죄인 된 우리의 모습을 상징한다. 아가서 기자는 현재 그녀가 태양 아래 검게 그을려 있다고 묘사한다. 포도원에서 온종일 일만 했기 때문이다. 고대 세계에서 여자가 태양에 그을리기까지 일하여 검게 되었다는 것은 무엇을 말하는가? 존중받지 못하고 사랑받지 못하는 상태임을 의미한다.

그런데 한 남자가 다가와 그녀에게 사랑을 고백한다. "당신은 너무 아름다워요. 당신은 정녕 내 사랑을 받아 줄 수 있나요?" 아무에게도 주목받지 못한 여인, 한 번도 사랑을 해 본 적 없는 여인, 죄로 인해 아무도 다가가지 않는 여인에게 사랑한다고 고백하는 분은 바로 하나님이시다. 그리고 말씀하신다. "너는 비록 검을지라도 아름답다"라고. 이것이 바로 하나님의 사랑이다. 현재의 모습이 어떠하든 조건 없이, 자격 없이 베푸시는 사랑인 것이다.

성경은 이것이 복음이라고 강조한다. 이러한 사랑이 우리를 구원했음에도 사탄은 지속적으로 우리를 속이고 참소한다.

"너는 쓸모없는 인간이야. 너는 별수 없어. 너는 원래 안 되는 인간이야. 하나님은 죄를 짓는 너를 좋아하지 않아. 그렇게 살면 너의 구원은 취소될 수 있어. 너의 선행은 모자라서 더 노력해야 해."

은혜를 모르는 세상은 이런 소리를 들으며 살아간다. 그것은 하나님이 만드신 게 아니라 내 죄가 만들어 낸 옛 자아의 잔재들이다. 그것에 속아 넘어가게 될 경우 하나님보다 다른 것을 위해 살게 된다. 그것은 속임수이니 조심해야 한다.

사탄이 나를 지배하는 방식은 세상의 평가이다. 하나님의 형상인 나를 세상에서 중요한 기준으로 바라보게 만드는 전략을 사용한다. 세상 사람들이 좋아하는 외모와 조건, 실력과 능력으로 사람을 평가하게 한다. 그리고 기준에 못 미치면 무한 경쟁, 생산성과 효율성이라는 이유로 사람을 도태시키거나 소외시켜 버린다. 세상을 살아갈 이유와 근거를 무너뜨리고 우울증, 자살 같은 절망의 나락으로 떨어지게 만드는 것이다.

복음이 과연 그런 것일까? 교회 안에서도 외모와 조건, 실력과 능력으로 평가를 받는다면 그것이 하나님 나라의 모습일까? 그런 것이 싫어서 믿음으로 교회에 왔는데, 도리어 교회 생활에서 그런 것이 성공의 기준이 된다면 그런 모습을 하나님이 기뻐하실까?

복음은 그러한 옛사람의 모습과 죄와 죽음, 율법이 십자가에서 해결되었음을 선언한다. 하나님은 우리를 세상에서 건져 내 하나님 나라의 백성이 되게 하셨다. 따라서 복음으로 세워진 하나님 나라는 병든 사람, 절망한 사람, 상처 입은 사람, 실패한 사람, 외로운 사람, 가난한 사람이 모여 자유케 되는 곳이다. 광야 생활할 때 아둘람 굴에서 함께했던 다윗의 4백 용사들처럼 말이다. 하나님의 사랑 안에서 '너는 비록 검으나 아름다운 존재'라고 격려받고 인정받는 공동체여야 하는 것이다.

교회 안에서 하나님의 사랑을 못 느끼는 저마다의 이유가 있다. 원가족과의 관계에서 진정한 사랑을 경험해 보지 못해서 그럴 수 있다. 사회생활에 찌들어 이기적으로 살아오느라 그럴 수 있다. 늘 받기만 하거나, 적당히 주고받는 정도로 관계를 맺어 와서 그럴 수도 있다.

그럴 경우 하나님의 무조건적인 사랑을 경험하지 못한 상태로 교회 생활을 하게 된다. 그럴수록 복음을 가르치는 목회자의 책임이 더욱더 중요하다. 강단에서 선포되는 복음이 어떻게 전해지는가에 따라서 한 영혼이 죽기도 하고 한 영혼이 살아날 수도 있기 때문이다. 우리는 복음을 통해 공동체 생활을 하며 성화를 배우게 된다. 자기중심성에서 벗어나 다른 사람을 겸손과 사랑으로 섬길 수 있게 된다.

안타깝게도 직업목사의 설교는 언제나 복음이 결핍되어 있다. 그의 설교는 언제나 축복만 가르치던지, 반대로 한 영혼에 대해 비판과 정죄만 일삼는다. 진정한 위로와 용기, 소망의 복음을 들려주지 않으면서 말이다. 그런 메시지는 교회 안에 사람들을 가두어 두거나 세상에서 능력 없는 모습으로 살아가게 만들기가 쉽다. 이것이 구원받은 사람도 날마다 복음을 다시 들어야 하는 이유인 것이다.

## 직업목사의 반성문
### 3

하나님, 제가 목사로서 복음대로 살지 못했음을 회개합니다. 복음을 알고도 믿음대로 살지 않거나, 복음을 모르고 잘못 살아왔던 죄를 회개합니다. 은혜로 구원받은 제가 뭔가 된 줄로 착각하고 교만하게 살아왔음을 회개합니다. 부활하신 주님과 교제를 소홀히 하고 말았습니다. 칭의로 구원받았다고 우월의식을 갖거나 나의 의와 행위를 자랑해 왔음을 회개합니다. 온전한 하나님의 백성답게 살지 못하고 하나님이 하신 일을 마치 내가 한 것처럼 행동했습니다. 이제는 잘못된 길에서 벗어나 은혜의 복음으로 돌아가게 해 주십시오. 윤리를 가르치는 것이 아니라 예수의 사랑을 전하는 자가 되게 해 주십시오. 예수님의 이름으로 기도합니다. 아멘.

**목사와 소명**
**3**

## 설교는 야드가 아니라 파운드

선교지에 있을 때 전주의 한 교회로부터 마틴 로이드 존스의 설교 전집을 선물로 받았다. 그것이 내가 마틴 로이드 존스와 깊은 인연을 맺게 된 계기가 되었다. 그 후 나는 그의 책을 열공하고 탐독하게 되었다. 용돈이 생길 때마다 그의 다른 책을 구매하기도 했다. 특히 산상수훈 설교집을 읽고 난 뒤에, 나는 주제설교자에서 강해설교자로 돌아서게 되었다. 로이드 존스처럼 본문이 이끌어 가는 설교를 하고 싶었기 때문이다. 그는 강해설교 이전에 철저한 복음의 사명을 지닌 설교자였다. 그가 목회자로 부르심을 받아 의학을 포기하고 가난한 웨일즈의 시골 교회에 청빙을 받아 갔을 때였다. 그 교회는 당시 영국의 자유주의 영향을 받아 설교보다 다른 프로그램으로 운영되던 교회였다. 크고 작은 여러 가지 문제가 있던 교회에 부임하게 된 것이다. 그가 부임하자마자 영적인 통찰력으로 제일 먼저 한 일이 있었다. 바로 강대상에 대못을 박아 움직이지 못하게 한 것이다. 왜냐하면 그 당시 세속화된 영국 교회가 복음 전하는 것을 부끄러워하고 있었기 때문이다.

로이드 존스는 움직이지 않는 강단에 서서 복음을 전했다. 그의 복음 메시지를 듣고 많은 사람이 회심하기 시작했다. 십자가 복음이 담긴 그의 불타는 강해설교로 수많은 사람이 변화되었다. 복음의 확신으로 가득 찬 로이드 존스는 『설교와 설교자』라는 책에서 목회자의 소명은 복음의 영광을 드러내는 데 있다고 정의하고 있다.

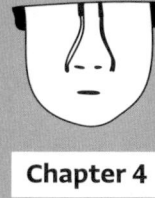

Chapter 4

# 정착민에서 거류민으로

복음이 어떻게 우리를 새롭게 하는지 살펴본다. 복음은 우리를 죄에서 해방시키고 영적인 신분을 변화시킨다. 믿음 안에서 하나님 나라의 백성이 되고 하나님의 통치를 받으며 살아가게 한다. 따라서 하나님의 평가와 기준을 가지고 살 때 세상에서 승리할 수 있다. 구원 이후의 온전한 삶을 위해 도우시는 분이 내주하시는 성령님이다. 구원받은 우리가 세상과 싸워 승리하기 위해 필요한 최고의 스펙은 성령의 열매이다. 성령님이 내 안에 계시는 목적은 개인 구원이나 자기만족에 있지 않다. 개인의 구원을 넘어 이웃을 사랑하고 세상을 섬기며 살도록 이끄시는 것이다. 이제 하나님 나라의 백성은 복음의 생명력을 가지고 정착민이 아닌 거류민으로 살아가야 한다. 하나님의 뜻에 순종하여 하나님의 사명을 가지고 어디든지 갈 수 있어야 한다.

# 13
## 하마터면 직업목사로 살 뻔했다

주 안에서 부르심을 받은 자는
종이라도 주께 속한 자유인이요
또 그와 같이 자유인으로 있을 때에 부르심을 받은 자는
그리스도의 종이니라
고전 7:22

주일이었다. 예배를 마치고 한 장로님과 대화를 나누었다. 장로님은 그날 설교에 은혜를 받았는지, 자신의 어릴 적 이야기를 전해 주었다. "목사님, 저는 어려서부터 열등감이 무척 많았어요." 겉보기에는 전혀 그렇지 않았기에 나는 "네? 어떤 열등감이요?"라고 물어볼 수밖에 없었다. 그러자 장로님은 이렇게 이야기했다.

"어릴 적 친구의 만년필을 보고 무척 부러웠어요. 집이 얼마나 잘살면 저렇게 비싼 만년필을 쓸까, 하고 어린 마음에 너무 부러워 열등감으로 남게 되었어요. 그러다 어느덧 교수가 되어 제 방에 스무 개 넘는 만년필을 두게 되니 너무 행복했지요. 하루는 교회 세미나에 참석하게 되었는데, 그 강사가 다름 아닌

제 친구였어요. 너무 반가워 차 한잔하며 담소를 나누다가 솔직한 마음을 털어 놓았어요. '어릴 때 네가 얼마나 부러웠는지 몰라. 네 만년필이 내게 얼마나 큰 상처가 되었는지 몰라.' 그러자 그 친구가 말했어요. '나는 네게 상처를 준 적이 한 번도 없어. 그건 네가 혼자 만든 것에 불과해.'"

이 말은 장로님의 마음에서 평생토록 지워지지 않았다고 했다. 나는 그 말에 동의했다. 이것이 구원받은 우리의 모습이라고 생각했기 때문이다.

예수님은 십자가에서 죄와 죽음, 사탄의 권세, 세상의 권세, 율법, 육신의 문제를 모두 단번에 해결해 주셨다. 하지만 예수님을 믿는다고 하루아침에 내 모습이 새로워지는 것은 아니다. 날마다 훈련이 필요하고 성령님을 의지해 새사람으로 변해 가야만 한다. 그것이 옛 자아에서 벗어나 자유와 해방을 얻은 진정한 그리스도인의 모습인 것이다.

찰스 스윈돌(Charles Swindoll)은 『은혜의 각성』에서 칭의와 성화의 관계를 설명하며 재미있는 예화를 소개한다.

미국에서 노예제도가 폐지되었을 때 모든 노예에게 자유가 주어졌다. 그리고 다음과 같이 공포했다. "자, 오늘부터 여러분은 자유입니다. 모두 각자 집으로 돌아가십시오." 이 순간 노예들은 두 부류로 나뉘어졌다고 한다.

한 부류는 주인의 품을 떠나지 않고 계속 머물고 싶은 노예들이었다. 그들은 옛 생활이 편해서 계속 주인의 집을 떠나지 말게 해 달라고 애원했다. 다른 부류는 자유를 얻고 그동안 누리지 못했던 것을 마음껏 즐기고 싶었던 노예들이었다. 이후 그들은 술과 도박과 쾌락으로 방탕한 삶을 보내게 되었다.

이 예화는 무엇을 말해 주는가? 바로 자유와 책임이다. 자유가 주어졌어도 그것을 책임 있게 사용하지 않으면 안 된다는 사실을 보여 주고 있는 것이다.

# 14
# 중세의 가을, 일그러진 교회

사랑하는 자들아 거류민과 나그네 같은 너희를 권하노니
영혼을 거슬러 싸우는 육체의 정욕을 제어하라
너희가 이방인 중에서 행실을 선하게 가져 너희를 악행한다고
비방하는 자들로 하여금 너희 선한 일을 보고 오시는 날에
하나님께 영광을 돌리게 하려 함이라

**벧전 2:11~12**

유진 피터슨은 『한 길 가는 순례자』에서 사탄과 육신의 악한 죄보다 세상이 가장 싸우기 힘든 영역이라고 말한 바 있다. 나는 그 말에 전적으로 동의한다. 왜냐하면 세상(문화)은 너무 모호하기 때문이다. 그래서 구원받은 그리스도인이 세상에서 살아가기 위해 기독교 세계관 훈련을 받는 것은 아무리 강조해도 지나치지 않다.

예수님은 이 점에 대해 누구보다 잘 아셨던 것 같다. 그래서 산상수훈에서 제자들에게 다음과 같이 말씀해 주셨다.

그러므로 누구든지 나의 이 말을 듣고 행하는 자는 그 집을 반석 위에 지은 지혜로운 사람 같으리니 비가 내리고 창수가 나

고 바람이 불어 그 집에 부딪치되 무너지지 아니하나니 이는 주추를 반석 위에 놓은 까닭이요 나의 이 말을 듣고 행하지 아니하는 자는 그 집을 모래 위에 지은 어리석은 사람 같으리니 비가 내리고 창수가 나고 바람이 불어 그 집에 부딪치매 무너져 그 무너짐이 심하니라 (마 7:24~27)

예수님은 이 세상에서 우리가 살아가는 모습을 두 가지로 말씀하셨다. 시편 1편처럼 말씀을 듣고 그것을 '행하는 자'와 '행하지 않는 자'로 말이다.

말씀을 듣고 행하는 자는 지혜로운 자이고 행하지 않는 자는 어리석은 자라고 말씀하셨다. 즉 지혜로운 자는 하나님의 말씀을 듣고 순종하는 자이며, 그의 인생은 반석 위에 집을 짓는 것과 같다고 하셨다. 반대로 어리석은 사람은 하나님의 말씀을 듣고 행하지 않는 자이며, 그의 인생은 모래 위에 집을 짓는 것과 같다고 하셨다. 결국 말씀을 듣고도 행하지 않은 사람은 어느 날 비가 오고 바람이 불면 모래 위에 지은 집처럼 무너져 버리고 말 것이라 예고하셨던 것이다.

산상수훈에서 '행함'은 인간의 행위가 아니라 믿음을 의미하고 있다. 이것은 세상을 어떻게 바라보는가의 세계관 문제와 관련이 있는 것이다. 세상을 성경적인 가치관(창조, 타락, 구속, 회복, 완성의 패러다임)으로 보는지 안 보는지의 싸움이라는 것이다. 눈에 보이는 세상을 믿는지 눈에 보이지 않는 세상을 믿는지 묻고 있는 것이다.

결국 예수님의 말씀에 비추어 보면 모래 위에 집을 짓는 자는 물질적 세계만을 추구하는 사람들이다. 반대로 반석 위에 집을 짓는 자는 예수를 믿으며 세상에서 살아가는 사람들이다. 예수를 믿지 않는 사람들은 겉은 화려하고 멋있게 보이지만, 하루아침에 무너질 수 있는 불안한 삶을 살아가게 된다. 기초가 부실하기 때문이다. 예수님은 이러한 인생이 결코 행복할 수 없다고 단언하신다.

### 깨어진 관계의 회복

그러면 불안한 세상에서 어떻게 사는 것이 가장 행복하게 살아가는 비결일까? 예수님은 사람들이 찾고 있는 행복의 위치를 정확히 알고 계셨다. 그것은 바로 자신의 왕관을 벗고 하나님의 권위 아래 속하는 것이다. 죄로 인해 하나님과 같이 되려는 모습, 내가 내 자신의 왕이라는 생각을 버리고 자신의 위치로 돌아가야 한다. 그것이 예수님이 말씀하신 행복의 자리이자 복음의 진리이다.

예수님은 인간의 죄 문제를 너무도 잘 아셨다. 그 인간의 아픔과 슬픔을 공감하기 위해 일부러 낮아져 우리와 같이 되신 것이다. 하나님과 우리의 깨어진 관계성을 회복하기 위해 하나님의 보내심을 받아 세상에 오셔서 인간이 되신 것을 성육신이라고 부른다.

성육신은 머리와 교리로는 이해하기 쉬워도 실제로는 무척 어렵고 힘든 개념이다. 차라리 신비라고 말하는 것이 더 수월하다. 같은 시간과 공간에서 사람이 개미가 되는 것도 어려운데, 초월적인 분이 시공간으로 들어와 인간이 되셨다는 것이 말이 된다고 생각하는가. 전혀 말이 안 된다. 하나님의 사랑, 하나님의 진리가 아니고서는 그 사랑의 대가와 희생은 전혀 이해 불가능한 것이다.

나 같은 경우, 넓은 집에서 좁은 집으로 이사만 해도 불편하다. 그런데 창조주 하나님이 하늘 보좌를 버리고 누더기 같은 세상에 오셨다니 얼마나 놀라운 일인가? 얼마나 대단한 일인가? 구원받은 자가 이런 성육신의 신비를 알면 알수록 더 겸손해지는 것은 전혀 이상한 일이 아니다. 도대체 예수님은 나의 행복을 위해 얼마나 더 불편해지기로 작정하신 것일까?

이 성육신과 가장 가까운 인물은 요셉이 아닐까 싶다. 그가 크나큰 고통을 겪었기 때문이다. 우리는 요셉을 성공한 사람으로 생각할 때가 많다. 하지만 시편 105편은 요셉의 이야기를 조금 다른 각도에서 조명하고 있다. 18절을 보면 요셉의 "발은 차꼬를 차고 그의 몸은 쇠사슬에 매였으니"라고 나온다. 이것은 그가 형들에게 팔려 떠돌이 생활을 하며 말로 다 할 수 없을 정도의 비참함과 고통을 느꼈다는 뜻으로 여겨진다.

아무런 잘못도 없는 요셉이 왜 그런 끔찍한 고통을 당해야 했을까? 하나님의 절대주권과 선하신 계획을 이루기 위해서이다. 하나님 나라를 온전히 세워 가기 위해서이다.

요셉은 17세에 하나님의 꿈을 꾸고, 30세에 애굽의 총리가 되었다. 그 사이 13년간의 행적을 추적해 보면 그는 형들의 모함으로 미디안의 상인에게 팔려 죽을 뻔했다가 기적처럼 보디발의 집에 팔리게 된다. 하나님은 일시적으로 요셉을 구원하고 그의 범사가 잘되게 하셨다. 성경은 하나님이 요셉과 함께하심으로 보디발의 집에서 형통했다고 말한다. 하지만 그 말이 끝나기가 무섭게 갑자기 보디발 아내의 무고로 억울한 감옥 생활을 하게 된다.

요셉은 자신의 힘으로 할 수 있는 게 아무것도 없었다. 그러다 감옥에서 만난 바로의 두 신하들 꿈을 해석해 주었다. 술 맡은 관원은 해석대로 다시 복직했지만, 떡 맡은 관원은 해석대로 죽임을 당하게 된다. 요셉은 술 맡은 관원에게 자신을 잊지 말아 달라고 부탁했다. 하지만 그는 요셉을 기억하지 못했다. 왜 하나님이 요셉을 감옥에 두셨는지 잘 알 수 없다.

그러던 어느 날 바로가 꿈을 꾸었다. 그 꿈은 기이하여 해석자가 필요했다. 술 맡은 관원은 그제야 요셉이 생각났다. 바로 앞에 간 요셉은 그 꿈을 완벽하게 해석했고 그날부로 애굽의 총리가 되었다. 여기까지 보면 요셉의 인생은 낮은 자리에서 높은 자리로 올라가는 성공 스토리 같아 보인다.

그러나 하나님의 진짜 목적은 다른 데 있었다. 하나님이 요셉을 들어 영광스런 자리에 올려놓으신 것은 하나님 나라 때문이었다. 요셉이 자신을 제한하고 불편해지지 않았더라면, 다운사이즈(Downsize)를 하지 않았더라면, 전혀 불가능했을지 모를 일이다. 그러나 그는 기꺼이 주어진 길을 감내했다. 이렇듯 성육신은 물질적인 삶을 최고로 추구하는 이 세상의 질서와 맞지 않는 원리임에 틀림이 없다.

### 십자가는 가장 선한 방법

성경은 구원받은 그리스도인을 거류민이라 말한다. 거류민은 이 세상에 거주하지만 한시적으로 불편하게 살아가는 자들이다. 자기만의 복장, 언어, 문화 습관을 가지고 타 문화 속에서 살아가야 하기 때문이다.

이런 거류민의 삶을 예수님은 '소금과 빛'이라는 상징으로 표현하셨다. 소금과 빛은 세상 속에서 살아가는 그리스도인의 두 가지 삶의 모습이다. 첫째는 세상 속에 있으면서도 세상과 동화되지 않는 소금의 역할로서 사는 것이다. 둘째는 어두운 세상을 밝혀 주는 빛의 역할로서 사는 것이다. 소금의 정체성이 그리스도인의 소극적인 모습이라면 빛의 정체성은 세상에서 적극적인 영향력을 보여 준다. 이는 세상에 거주하지만 세상과 다르게 살 때 나타나는 라이프스타일임에 틀림없다. 예수님의 성품으로서 말이다.

알렌 크라이더는 『초대교회에 길을 묻다』에서 성육신의 삶을 언급한다. 그는 2세기 후반, 디오그네투스(Diognetus)가 다른 사람에게 기독교를 설명하기 위해 쓴 것으로 추정되는 글을 통해 그 모습을 소개하고 있다.

그리스도인들은 국가나 언어 또는 문화로 다른 사람들과 구별되지 않는다. 그들은 그들만의 도시에서 살지도 않고 그들만의 독특한 대화 방법을 쓰지도 않는다. 삶의 방식도 특별한 것이 없다. … 그리스나 원시적인 도시 어디에 살든지 … 의복이나 음식, 그리고 다른 일상생활의 방식에서 그 지역의 풍습을 따라 산다. 동시에 그들은 아주 두드러지고 독특한 자신들만의 살아가는 방법이 있다. 그들은 자신들의 국가에 살지만 거주민이자 나그네의 정체성을 가지고 살아간다. 시민으로서 모든 일에 참여하지만, 외국인으로서 모든 것을 참고 산다. 모든 낯선 땅이 자신들의 조상 땅이라고 생각하지만 모든 조상의 땅이 또한 낯선 땅이다. 여느 사람들처럼 결혼하고 아이를 낳지만, 자녀를 버리지는 않는다. 자신의 집을 다른 사람들에게 제공하지만 침대를 더럽히지는 않는다. … 모든 사람을 사랑하지만 모든 사람에게 박해를 받는다. … 그들은 가난하지만 많은 사람을 부요하게 한다. … 간단히 말해서 영혼이 육체 안에 있는 것같이 그리스도인들은 세상 안에 산다.

구원받은 그리스도인은 하나님을 사랑하기에 세상에서 정착민으로 살지 않는다. 그리스도인은 얼마든지 자신을 위해 살아갈 수 있지만 그렇게 하지 않는다. 오히려 그 권리와 자유를, 타인을 위해 기꺼이 포기하기도 한다. 예수님을 닮아 가는 것이 제자의 삶이기 때문이다. 예수님이 성육신을 통해 몸소 자신을 불편하게 하셨다면 제자의 삶도 그러해야 한다. 세상의 정착민이 되기를 거부하는 데 익숙해지는 것이다.

예수님은 이 세상에서 누릴 수 있었으나 의도적으로 불편하게 사셨다. 하나님의 뜻을 위해 자신을 제한하셨다. 그렇게 사는 길이 진정한 자유와 구원에 이르는 방법이기 때문이다. 그것이 하나님의 권위에 순종하는 길이고 반석 위에 집을 짓는 행위이기 때문이다. 이것을 위해 예수님은 인간의 모습과 같이 되셨던 것이다.

여기서 우리에게 질문이 생긴다. 전능하신 하나님은 왜 복잡한 방법으로 우리를 구원하기로 결정하신 것일까? 왜 힘과 무력을 사용하지 않으셨던 것일까?

간단하게 말해서 그것은 하나님의 뜻이 아니었기 때문이다. 선하신 하나님은 선한 방법을 사용하길 원하셨다. 인류를 구원하기 위해 십자가가 가장 선하다고 보신 것이다. 이는 인간의 타락한 죄의 본성 때문일 수도 있다.

그 당시 유대인들은 예수님을 매우 싫어했다. 자신들이 생각하는 구원자의 이미지와 거리가 멀었기 때문이다. 그들은 메시아에게 강력한 힘이 있을 거라 생각했다. 하지만 예수 그리스도는 처참하게 나무에 달려 죽으셨다. 하나님은 바로 그 십자가에 달린 예수를 구원의 도구로 사용하셨다.

인간의 죄 문제를 해결하기 위해서는 대가가 필요했다. 그것이 예수가 십자가에서 어린양으로 속죄제물이 되셨던 이유이다. 나의 죄를 위해 예수님이 피를 흘리고 생명을 주셔야만 했던 것이다.

이 예수님의 십자가는 단순한 죽음이 아니었다. 이것은 하나님 나라의 질서를 보여 주기도 한다. 즉 하나님 나라는 세상의 방식대로 힘과 권력으로 세워지는 것이 아니라 겸손과 사랑으로 세워짐을 드러낸 것이다. 타락한 인간은 하나님이 보내신 성령을 통해 십자가의 의미를 깨닫고 회개하여 순종하게 되었다. 성령 세례가 임하자 십자가가 대속의 사랑이었음을 알게 되었다.

이러한 십자가의 복음을 듣고 하나님의 백성이 된 자들은 세상 사람들과 다르게 살아간다. 더 이상 세상과 동화되어 정착민으로 살아가지 않는다. 예수님이 우리의 죄를 위해 죽으신 것처럼, 이 세상을 불편하게 여기며 겸손과 사랑으로 살아간다. 물질적인 세계가 아니라 영원한 나라를 살아가기 때문이다.

물질적인 세계를 추구하는 사람은 이 세상에 자신을 위한 성을 쌓고 자기 왕국을 건설하고자 한다. 그러나 영원한 세계를 추구하는 사람은 이 세상에 거주하기보다 거류민이 되기 원한다. 마치 예수님이 하늘 보좌에 계셨으나 모든 영광을 버리고 이 땅에 낮아지신 것처럼 말이다. 그리고 머리 둘 곳도 없으시며 소외되고 마음이 가난한 자에게 선교적 삶을 사셨던 것처럼 말이다. 믿음을 가진 사람은 순례자처럼 한곳에 정착하지 않고 하나님 나라를 위해 불편하게 살아가는 것을 기쁘게 생각한다.

만일 지상의 교회가 이런 복음의 정신을 잃어버리면 그 생명력 또한 사라져 버리고 만다. 교회가 거류민이 되기보다 세상에서 안주하고자 할 때 하나님 나라는 세상에서 영향력이 사라지기 시작한다. 소금과 빛은커녕 십자가를 부끄러워하고 세상과 동화되기 시작한다.

이때부터 교회는 세상의 방식과 기준을 가져다 사용한다. 그러한 박물관 교회는 기계적 모임이 되고, 안락함에 빠져 버리고, 숫자와 크기와 건물과 형식만 강조하는 외면적인 삶을 추구하게 된다. 제자도는 사라지고 종교와 제도로 전락해 버리는 것이다.

기독교 역사를 돌아보면 초기 교회 역시 그렇게 은혜가 사라지고 사람의 행위와 이름만 자랑하게 되었다. 알렌 크라이더는 초기 교회가 복음의 정신을 잃어버리자 성육신적이었던 교회가 어떻게 쇠퇴하게 되는지를 다음과 같이 묘사하고 있다.

이 시기부터 교회는 전도를 하지 않아도, 선교를 하지 않아도 교회에 몰려드는 성도들로 인해 기하급수적으로 늘어 가게 되었다. 몰려오는 성도들을 교회 안에 수용하기가 힘들어 서로 더 크고 높고 더 넓고 화려하게 짓고자 하였다. 교회는 숫자와 크기 관료주의로 흐르며 예수님의 의도하신 교회 모습에서 멀어지게 되었다. 그렇게 오랜 시간이 흐르자 중세 교회는 세속화되고 복음의 생명력은 사라져 버리고 말았다.

그의 말처럼 잘못된 복음과 축소된 복음이 교회에 침투하면서, 교회는 급속히 종교화되어 버렸다. 패트릭 펑(Patrick Fung)은 "핍박은 결코 교회를 죽이지 못하겠지만 타협된 복음은 교회를 죽일 것이다"라고 말했는데 이는 전혀 틀린 말이 아닌 것이다.

초기 교회 시대에는 복음을 믿는 것이 죽음을 의미했다. 그러나 로마제국의 공인을 받고 국교가 되면서 복음은 웰빙 기독교의 유리한 지위를 차지했다. 그리고 시간이 흐르자 십자가는 점점 겸손과 섬김과 희생보다 힘과 능력을 상징하며 강제로 개종시키는 일을 자행하게 되었다. 그리고 십자가의 승리주의를 자랑하며 교회는 복음이라고 가르쳐 오게 되었다.

중세 1천 년 동안 일그러진 교회의 모습은 점점 세상 속에서 값싼 승리주의로 변질되어 갔다. 변질된 복음으로 인해 중세 시대의 교회는 계급적이며 이원론적이며 관료적이 되어 버렸다. 하나님 나라의 제자도는커녕 엄숙한 율법주의 신앙생활을 하게 된 것이다.

이것은 예수님이 가르치신 복음과는 거리가 멀었다. 이것은 하나님 나라의 제자도가 아니라 소수의 특별한 사람만 훈련하여 선교사로 파송하는 특공대와 같아 보였다. 결국 오늘날까지 지상 대명령의 선교란 일상 속의 하나님 나라가 아니라 특별한 훈련을 받은 자만 파송되어 복음을 전하는 것으로 축소되고 말았던 것이다. 이것이 로마제국의 기독교 공인이 긍정적인 면도 있지만 가장 커다란 비극이라고 말할 수 있는 이유이다.

### 제자가 제자를 낳는 재생산

그렇다면 어떻게 제도화된 교회가 다시 복음의 본질을 회복할 수 있을까? 마이클 프로스트(Michael Frost)는 『성육신적 교회』에서 세 가지 요소가 중요하다고 주장한다. 첫째로 예수님의 십자가를 생각하며 성육신의 교회로 돌아가야 한다. 둘째로 세상 속으로 침투해 사회적 참여를 다해야 한다. 셋째로 사명을 가지고 선교적 삶을 살아야 한다.

마틴 로이드 존스(Martyn Lloyd Jones)는 이것을 참된 부흥의 길로 표현하기도 했다. 그는 창세기 26장에 나오는 이삭이 우물 파는 장면을 진리와 비진리의 싸움으로 설명했다. 당시 블레셋 사람들은 이삭을 싫어해 우물 파는 것을 훼방했다. 일부러 물을 못 먹게 돌무더기를 넣고 이삭을 자기들 땅에서 추방하려고 했다.

하지만 하나님의 사람 이삭은 포기하지 않고 타협하지 않았다. 그는 아브라함의 유언에 따라 우물을 파는 일을 생명의 일로 생각했다. 이때 이삭은 불편한 세상에서 거류민으로 살면서 우물 안의 돌무더기를 꺼내기 시작한다. 여러 방해 공작에도 그가 우물 속 돌무더기들을 빼내어 버리자 물이 샘솟듯 솟아나 모든 이의 생명을 구원했다고 성경은 증언한다.

로이드 존스는 이삭의 우물을 오늘날 교회의 사명으로 생각한다. 교회가 세상에서 무기력한 것은 복음을 보지 못하기 때문이라고 말한다. 수많은 인본주의 사상과 전통, 잘못된 교리가 가득해 교회는 복음을 듣지 못하고 부흥을 잃어버리게 된 것이다.

그럼에도 불구하고 잘못된 길에서 돌이켜 복음으로 사는 교회가 되면 하나님은 부흥을 주신다. 교회가 하나님의 부흥을 경험하려면 일차적으로 복음의 장애물들을 모두 제거해 나가야 한다. 십자가를 가리는 인간적인 잘못된 생각과 전통과 교리들을 벗겨 내야만 한다.

나는 오래전 신학교에서 복음 전도 수업을 수강한 적이 있다. 그 과목의 교수님은 수강하는 모든 학생들을 자신의 교회로 초대했다. 나름 현장 수업이라고 할까? 교수님이 목회하던 교회는 신도시가 빠르게 발전하고 있는 지역이었다. 대형 쇼핑몰과 고급 콘도미니엄이 들어서며 집집마다 보안이 강화되는 동네였다.

교수님은 학생들에게 토의 과제를 내 주었다. '만약 당신이 이 지역의 목회자로 부임했다면 어떻게 효과적으로 복음을 전할 것인가'가 그 내용이었다. 단 고급 주거 단지라서 보안 문제가 까다로울 것이라는 전제가 붙어 있었다.

그룹별 토론 후 차례대로 발표를 했다. 내가 속한 그룹은 복음 전도에 회의적이었다. 직접 그 지역을 가 보면 전도의 장애물이 보통 심각한 것이 아님을 누구라도 실감할 것이다. 일부 학생은 교회의 건물을 팔고 다른 지역에서 새로 시작하는 것이 좋겠다고 했다. 초호화 아파트에서 전도하면 경비원들에게 쫓겨날 것이 뻔했기 때문이다. 고도의 보안 문제로 축호 전도를 할 수 없었고, 부유한 계층의 사람들이 복음에 무관심할 것이라는 생각도 들었다.

교수님은 우리의 그룹 토의를 듣고 복음의 전략을 설명해 주기 시작했다. 만일 예수님이라면 먼저 사람을 주목하셨을 것이라 했다. 먼저 제자를 부르시고 훈련을 통해 사람을 전도해 지역 복음화를 이루셨을 것이라 이야기했다. 제자가 제자를 낳아 복음의 재생산을 이루는 하나님 나라의 제자도가 성경적 해답이라는 것이다.

로버트 콜먼(Robert Coleman)도 『주님의 전도 계획』에서 이와 동일한 설명을 한다. 하나님 나라를 세우기 위해 예수님이 행하신 전략은 복음을 전하고 제자화하는 것이 전부였다는 것이다.

예수님은 제자들이 지상 대명령을 수행할 수 있도록 여러 전략을 말씀해 주셨다. 하나님 나라의 백성으로 살아가기 위해 자기를 부인할 것, 사명을 품을 것, 우선순위를 분명히 할 것, 돈과 하나님을 동시에 섬기지 않을 것, 기도와 금식과 겸손에 대한 것 등등 구체적으로 말씀하셨다. 그러나 무엇보다 제자도에서 빼놓을 수 없는 핵심 가치는 믿음의 용기였다. 믿음의 모험이 없이는 아무것도 실행할 수 없기 때문이다. 복음을 듣고 믿음으로 순종하는 것이야말로 가장 위대한 발걸음인 것이다.

어느 날 미국에서 온 목사님의 설교를 듣다가 큰 은혜를 받은 적이 있다. 그는 실제 복음을 믿으며 거류민처럼 살아가는 목회자이다. 순회 설교자라고나 할까.

한때 그는 믿음의 열정을 가지고 전방위적으로 개척 사역을 한 목회자였다. 그의 말씀에 매력이 있어 많은 대학 청년들로 공동체가 부흥했다. 그러던 어느 날 기도하는데 하나님이 모든 것을 내려놓고 미국으로 떠나라고 하셨다. 아무런 계획도 없는데 말이다. 그렇다고 폼 나는 유학도 아니었다. 정착하기 위해 가는 이민도 아니었다. 하나님은 모든 것을 내려놓고 선지자의 영성으로 떠나라고 하셨다.

어쩔 수 없이 순종하여 낯선 타국으로 가족과 함께 가는데 미국 공항에 내리자마자 갑자기 서러움에 가슴이 철렁 내려앉았다고 한다. 알 수 없는 두려움이 몰려왔기 때문이다. 익숙한 곳을 떠나 생면부지의 땅에서, 언어와 문화와 지인 없이 가족을 부양해야 한다는 생각이 들자 앞이 막막했던 것이다.

게다가 수중에 돈이 하나도 없었다. 내일 먹을 끼니도 없었다. 일명 '페이스 미션(Faith mission)'이라고 할까. 그는 단지 하나님의 말씀에 엘리야처럼 순종해서 왔는데, 갑자기 비행기에서 내리자 머리가 아파 걱정이 되었던 것이다. 그때 하나님께 기도했다고 한다.

"하나님, 솔직히 지금 많이 두렵습니다. 제가 연고도 없는 곳에서 무엇으로 살아가나요? 하나님, 겁과 두려움 많은 저를 도와주세요."

그렇게 기도하자 하나님의 내적인 음성이 들려왔다.

"이 목사, 너 지금부터 내 말 잘 들어야 해. 지금까지 교회에서 성도들에게 뭐라고 설교했니?"

"예수 잘 믿고 믿음을 강하게 하라고 했습니다."

"그래 바로 그거야. 그렇게 나를 따라오면 되는 거야. 너는 나만 바라보며 따라와. 이제부터 너의 앞길은 내가 모두 책임진다. 여기에 너를 부른 것은 나라는 것을 절대 잊지마."

그는 하나님의 음성을 듣고, 영적인 평안과 안도감이 들었다고 했다. 그리고 지금까지 줄곧 잘 사역하고 있다. 그렇다. 우리도 이렇게 살아갈 때가 많지 않은가? 하나님을 의지하기보다 내 힘을 의지하다가 두려움에 빠지거나 낭패를 당하지 않았는가?

# 15
# 나이트클럽이 교회로 바뀐 이유

말씀이 육신이 되어 우리 가운데 거하시매
우리가 그의 영광을 보니 아버지의 독생자의 영광이요
은혜와 진리가 충만하더라
요 1:14

마이클 프로스트는 교회가 존재하는 이유를 다음과 같이 표현한 바 있다. 구원받은 우리가 세상을 향해 전도와 선교적 삶을 살아 내야 함을 하나님 나라 관점에서 설명하고자 했다.

당신의 이웃집에서 불이 났다고 하자. 그런데 그 불타는 집 안의 사람들은 위기의 상황을 전혀 인식하지 못하고 있다. 위험한 순간을 목격한 그리스도인들이라면 이제 우리는 무엇을 해야 하는가? 그리스도인은 물끄러미 바라보는 구경꾼이 되어서는 안 된다. 골든타임이 지나가기 전에 서둘러 사람을 구출해야 한다. 위기에 처한 사람을 구조하려면 정확한 상황을 말해 주어야 할 책임이 있다. 다음에는 그 집 안으로 들어가 구원의 길을 알려 주어야 한다. 또는 새까만 연기로 아무것도 볼 수 없는 자들에게 밖의 세상에 희망이 있음을 말해 주어야 한다. 그리고 창문을 닦아 주어야 한다. 이것이 세상에 우리가 존재하는 이유이다. 위기 속에 있는 사람에 무관심하고 나 혼자 구원받은 것에 만족해서는 결코 안 된다. 우리는 이미 구원을 받고 영원한 세계, 천국의 소망을 소유하고 있기 때문이다.

이런 의미에서 복음 전도는 개인 구원의 커트라인이 아니다. 내세를 위한 생명보험도 아니다. 성경이 말하는 복음은 장차 죽어서 갈 천국이 아니라 이 세상에서도 하나님 나라를 세워 가는 일이 되어야 한다. 왜냐하면 예수님도 멸망당하는 세상에 우리의 이웃이 되셔서 겸손과 사랑으로 섬겨 주셨기 때문이다.

### 세상의 소금과 빛이라는 부르심

안타깝게도 내가 어렸을 때 다녔던 교회들은 모든 게 좋았으나 성육신적 복음과는 거리가 멀었던 것 같다. 여러 구제와 봉사도 했지만 삶이 아니라 이벤트에 불과했다. 생활 방식, 존재 방식, 라이프스타일이 아니다 보니 사회를 바라보는 교회의 시선은 곱지 못했다. 모든 목사님들이 한결같이 교회가 하나님 나라라고 가르쳤기 때문이다.

교회를 하나님 나라라고 배운 성도들은 세상 안에서 보다 교회 생활을 어떻게 하면 잘할 수 있는가에 대해 초점을 맞췄다. 그러다 보니 복음은 겨우 개인 구원을 유지하는 정도이거나, 세상을 성속의 이원론으로 바라보는 것이 전부였다고 할 수 있다.

이로서 교회는 교회를 위한 제자, 우리만의 리그가 되어 버리고 말았던 것이 어릴 적 교회의 모습이었다. 즉 교회가 세상의 중심과 역사 속에 있지 않고 세상과 동떨어진 신앙적인 내용만을 강조하게 되었다. 이것은 신성과 인성을 가진 예수님의 성육신과는 대조적인 모습이었다. 더욱이 교회는 세상을 변혁의 대상으로 간주하지도 않았다.

예수님이 가르치신 하나님 나라의 복음은 세상의 모든 영역에서 하나님의 통치를 선포하는 것이었다. 제자도에 기초한 복음의 재생산을 통해서 그 일을 수행하고자 하셨다. 그래서 '너희는 세상의 소금과 빛'이라며 우리를 불러 주셨던 것이다.

기독교 역사를 돌아봐도 교회는 세상을 변화의 대상으로 이해하지 못했다. 수도원 운동이 대표적이라 할 수 있다. 물론 수도원 운동에 긍정적인 면이 있으나 세상에 어떤 영향도 주지 못했음을 반성할 필요가 있다.

종교개혁 이후 교회는 이와 같은 잘못된 복음의 정신을 극복하고자 건물 교회가 아니라 사람에 초점을 맞추었다. 직업소명과 만인 제사장을 내세워 특정 공간을 신성시하는 것에 반대를 했다.

확실히 죄로 인해 사람들은 하나님보다 다른 것을 더 신성시하는 경향이 많다. 이스라엘의 역사가 대표적이라 할 수 있다. 그들은 자기 우상숭배로 자신의 생각을 매우 신성시하는 죄를 저지를 때가 많았다. 모든 구약의 선지자들이 이러한 잘못된 모습을 비판한 것은 우연이 아니다.

예수님은 십자가를 통해 이러한 것을 배격하셨다. 성령 충만한 스데반 집사와 초대교회도 유대인들의 잘못된 율법주의, 잘못된 선민의식, 배타적 구원론, 할례, 성전을 비판하며 하나님은 특정 민족, 시간과 공간에 갇힐 수 없으며 "하늘은 나의 보좌요 땅은 나의 발등상이니"(행 7:49)라고 선포했다.

스데반이 전한 복음은 복음의 본질을 이해하는 데 중요한 역할을 하고 있다. 그에 따르면 십자가는 새 언약의 성취로서 성령이 거주하는 마음이 새 성전이라고 강조한다. 왜냐하면 하나님이 우리의 왕이 되어 다스리실 때 그곳이 가장 거룩해지기 때문이다.

### 나이트클럽 예배의 탄생

청년대학부 시절 하용조 목사님의 설교를 들은 적이 있다. 그때 설교 제목이 '지붕을 뚫는 믿음'이었다. 내용을 간단히 요약하면 이렇다.

마가복음 2장에는 한 중풍병자가 나온다. 중풍병자란 스스로 움직일 수 없는 사람을 의미한다. 그런데 그는 꼭 예수님을 만나서 치유받고 싶었다. 그래서 네 명의 친구들에 의해 들것에 실려 예수님이 계신 곳으로 가고자 했다.

예수님 계신 집에 도착했지만 사람들이 너무 많아 집 안에 들어갈 수 없는 상황이었다. 그래서 친구들은 고민했다. 그리고 창의적인 아이디어를 생각하게 되었다. 그것은 지붕을 뚫어 중풍병자를 예수님에게 데려가는 것이었다. 지붕을 뚫는 믿음으로 모든 한계를 뛰어넘은 것이다.

이 설교는 믿음이란 인간의 모든 편견과 선입견, 고정관념을 뛰어넘는 것임을 말하고 있다. 이를 듣고 큰 감동이 된 것은 당시 내가 연합 사역을 놓고 고군분투하며 믿음의 한계 상황에 직면했기 때문이었다. 그러나 이 한 편의 설교로 가슴이 뜨거워졌던 것을 기억한다.

물론 여전히 현실은 달라지지 않았다. 만나는 사람마다 연합 사역을 하자고 하면 너무 현실을 모른다며 고개를 흔들 때가 많았다. 그때 한국 교회의 개교회주의가 얼마나 벽이 높은지 새삼 알게 되었다. 교회 안에 있을 때는 잘 몰랐던 것을 이웃 교회와 연합해 보며 현장에서 알게 되었다. 그러다 보니 내 마음은 힘든 상황이 되어 버렸다.

포기할 마음으로 마지막 한 교회를 두드렸다. 그러나 역시 그 교회도 마찬가지로 안 된다고 말했다. 막 문을 나서려는데 그 교회 청년부 목사가 말했다.

"목사님, 역시 연합 사역은 쉽지 않네요. 그런데 제 마음은 목사님과 똑같아요. 매일 이 지역의 청년들이 방황하는 모습을 볼 때 마음이 아픕니다. 매일 클럽과 술집에서 자기들에게 교회를 팔라고 할 때마다 무력감을 느낍니다. 청년부 목사로 아무것도 할 수 없다는 게 정말 슬퍼요. 주변 나이트클럽이 하루에 열두 번도 와서 교회를 팔라고 조를 때 마음이 너무 아파요."

그 말을 듣는데 처음으로 교회가 나이트클럽으로 들어가면 어떨까 생각해 보았다. 무엇보다 설교가 주효했다. 들었던 설교처럼 지붕을 뚫는 믿음을 가져 보면 어떨까 생각했다. 무작정 나이트클럽을 찾아가 보았는데 신기하게도 쉽게 대관이 가능하다고 연락이 왔다.

그렇게 세상에 나이트클럽 예배가 탄생하게 된 것이다. 나이트클럽이 교회로 변할 수 있다니. 홍대 나이트클럽에서 첫 예배를 시작하는 날, 하용조 목사님은 장로님들과 함께 참석해서 설교 중에 이런 말을 했다. 굵고 짧고 강력한 메시지였다.

이 세상의 교회는 병원으로서의 교회가 있고 전투적인 교회가 있습니다. 그런데 이 나이트클럽 교회는 전투적인 교회라고 생각합니다. 왜냐하면 수많은 서구 교회들이 세상에 팔려 술집과 나이트클럽, 카페, 호텔 등으로 변해 가는데, 이곳은 교회로 변했기 때문입니다. 영적 전쟁의 최전선에서 세상으로 보내심을 받은 교회가 되어야 합니다.

직업목사는 한곳에 정착하고 제도화되지만, 거류민 교회는 제자 공동체를 만들어 특정 시공간에 갇혀 있지 않는다. 왜냐하면 부활의 주님이 그들의 마음 안에 거하시며 언제 어디서나 함께하시기 때문이다. 내가 복음 안에 서 있는 곳이라면 어디나 하나님의 통치가 임하기 때문이다. 정치, 사회, 경제, 문화, 예술, 법과 스포츠 등 모든 영역에서 말이다.

### 스타벅스 새벽예배

하나님의 백성이 세상에서 나그네로 사는 것은 쉬운 일이 아니다. 때로는 어려운 고난을 감수하고 필요시 대가도 지불해야 한다. 그러나 그럴 만한 가치와 보람이 있다. 밭에 감추인 보화를 캐내는 기쁨, 하나님이 주시는 큰 은혜를 경험하기 때문이다.

나는 청년대학부 시절 외부 사역을 하느라 스타벅스가 사무실이 되는 경우가 많았다. 하루는 늦은 오후 카페 2층으로 올라가 아메리카노를 시키고 설교를 준비하려고 했다. 문득 어떤 생각이 섬광처럼 스쳐 지나가자 즉시 내려가서 점원에게 물어보았다.

"혹시 스타벅스는 아침 몇 시에 문을 여나요?"
"저희는 새벽 5시에 나오고 7시 전까지 준비를 마쳐요."
"혹시 점장님을 만날 수 있을까요?"
점장이 안에 있다가 나와 말했다.
"제가 점장인데요. 무슨 일 때문에 그러시나요?"
"대관 문의 좀 하려고요. 혹시 음료를 주문하면 매일 5시 30

분에 대관이 가능할까요? 직장 청년들이 새벽예배로 사용할 수 있을까 해서요."

그날 본 점장의 얼굴 표정은 아직도 잊지 못한다. 위아래로 쳐다보더니 내가 뭐하는 사람인지 궁금한 표정을 지었기 때문이다. 일단 상사와 의논해 보겠다고 해서 연락처를 남겨 두었다. 내심 별로 기대하지는 않았다. 하지만 그날 오후 늦게 전화가 걸려 왔다. 상사가 허락을 했다는 것이다.

나중에 알고 보니 특별한 사연이 있었다. 당시 스타벅스 점포들이 과열 경쟁을 벌여 그곳 매출이 떨어졌는데 청년들이 들어오면 매출에 도움이 된다는 이야기였다. 더 놀라운 것은 그 점장이 새 가족으로 등록하는 일까지 생겼다는 것이다.

스타벅스 새벽예배를 오픈하자 놀라운 일이 벌어졌다. 정말 여러 교회들이 소문을 듣고 모여서 초교파적인 연합 예배가 되었다. 스타벅스 새벽예배가 안정되자 도심 속 새벽예배를 드린 후 바로 직장에 가는 청년들이 늘어났다.

확실히 외부에서 예배를 드리며 새롭게 깨달은 것이 있다. 교회 안에 있을 때는 만날 수 없었던 새 가족들을 매주 만나고, 가나안 성도, 불신자와 접근하는 것이 용이하다는 점이다.

오늘날 제도권 교회에서 그렇게 사는 것은 솔직히 힘들다고 본다. 불신자들에게 전도를 하는 기회도 부족하고 주어진 사역이 많아 관리하는 것만도 벅차기 때문이다. 그렇다 보니 자연히 복음의 역동성이 떨어지게 된다.

하지만 교회 밖 불신자들을 만나 사역할 때 신경 써야 할 점이 있다. 더 겸손하고 더 낮아져야 한다는 것이다. 세상 사람들은 보이는 나를 통해 보이지 않는 하나님을 바라본다. 그러니 몇 배는 더 신경 써서 한 영혼을 주께 인도해야 할 필요가 있다.

### 주님만으로 행복할 수 있다면

신입 교역자 시절 전주대에서 열린 내적 치유 프로그램 '샤이닝 글로리'에 참여한 적이 있다. 별 기대가 없었는데, 의외로 시간이 갈수록 은혜가 더해 갔다. 강의도 좋았고, 나눔도 좋았고, 애찬도 좋았고, 세족식도 좋았다. 지금까지 경험했던 프로그램 중 최고라는 생각이 들었다. 무엇보다 섬기는 분들에게 많은 것을 배웠다. 속으로 나도 교역자가 되면 이렇게 사역해야겠다고 굳게 마음먹기도 했다.

그런데 어느 날 교회에서, 그 프로그램에 참여한 모든 사람은 3년간 스태프로 섬겨야 한다는 통보를 받았다. 그렇게 3년 동안 교역자가 아닌 스태프로 섬겼는데, 재미있게도 섬김을 받을 때보다 섬기면서 더 많은 것을 배우게 되었다.

당시 내 역할은 모든 참가자의 방에 들어가 찍찍이로 머리카락과 먼지를 없애는 일이었다. 오른손이 하는 것을 왼손이 모르도록 재빠르게 행동해야 했다. 제대로 못하면 리더에게 혼이 났다. 목회자여서 봐주거나 눈감아 주는 일은 없었다. 자꾸 혼이 나자 마음 안에 알 수 없는 스트레스가 쌓이고 있었다. 전방위적으로 압박이 들어왔기 때문이다. 스태프로 섬기고 집에 돌아올 때마다 몸살이 났다. 나는 투덜거리며 말했다.

"꼭 이렇게까지 해야 하나?"

그런데 그렇게 섬기면서 나는 알게 되었다. 은혜로운 사역은 모두 오리발 사역이라는 것을. 우리는 은혜가 저절로 오는 것이라 생각하지만 사실 그렇지만은 않다. 교회 안에서 일어나는 모든 은혜는 누군가의 섬김과 희생 덕분이라는 것을 새삼 알게 되었다. 보이지 않는 손길과 많은 사랑의 수고 때문에 가능했던 것이다. 정말 그렇다.

그때부터 나는 하나님의 사랑을 생각하며 '내가 이렇게까지 꼭 해야 하는가?' 스스로 물어보곤 한다. 예수님의 제자로 내가 잘 살고 있다는 증거가 바로 이것이다. '내가 이렇게까지 꼭 해야 하는가'라는 질문이 든다면 잘 하고 있는 것이다. 아무도 알아주지 않아도 주님만으로 행복할 수 있다면 나는 잘 가고 있는 것임에 틀림없다. 때로는 연약하며, 때로는 외롭고 인내가 필요하다고 해도 십자가의 길을 믿으며 걸어가게 된다.

복음의 진리가 불편한 현대인들은 사람에게 간섭받기 싫어하며 물질주의, 향락주의에 빠져 소일한다. 그들은 24시간 내내 SNS에서 초개인주의와 소비주의 문화에 젖어 살아간다. 하지만 동시에 지독한 외로움을 경험하기도 한다. 사실 그들이 열심히 사는 이유도 외로워 공동체가 필요하기 때문일지 모른다. 이것은 하나님의 형상대로 지음을 받은 인간은 아무도 혼자 살아갈 수 없다는 방증이기도 하다.
 모처럼 쉬는 날 카페에서 차를 마시다 아내에게 이런 질문을 했다.
 "당신은 언제가 가장 행복했어?"
 "나는 선교지에 있을 때 제일 행복했어."
 "고생만 했는데 뭐가 가장 행복했는데?"
 "그때는 공동체가 있었잖아."
 선교지가 힘들었음에도 가장 행복했다고 말할 수 있는 이유가 무엇일까? 바로 공동체다. 아무리 이 세상이 힘들어도 나를 위로할 수 있는 공동체만 있다면 상관없다는 의미이다. 진정한 사랑을 보여 주었던 초대교회의 모습처럼 말이다.
 초대교회는 부유하지 않았다. 그들 대부분은 가난한 사람들이었다. 하지만 성령 안에서 그들은 부요했다. 이 세상에는 없는 하나님 나라를 경험했기 때문이다. 그것을 경험한 자들이 다시 흩어져서 머문 자리마다 복음의 재생산을 일구어 냈던 것이다.
 당시 교회는 모일 때마다 말씀을 배우며 기도했다. 재산을 유무상통했다. 십자가의 복음으로 새로운 사회, 새로운 공동체를 만들었다. 세상에 없는 이 공동체의 모습을 보고 사람들은 거룩한 충격을 받았다. 실제로 그들의 라이프스타일은 세상에 커다란 충격을 주었고, 그들의 내면세계는 세상을 변화시키고도 남을 정도로 은혜로 충분했다.

# 16
# 최고의 스펙은 성품입니다

우리가 다 하나님의 아들을 믿는 것과
아는 일에 하나가 되어 온전한 사람을 이루어
그리스도의 장성한 분량이 충만한 데까지 이르리니
**엡 4:13**

산상수훈에서 예수님은 참된 행복이 소유가 아니라 관계에 있다고 말씀하셨다. 먼저 하나님과의 관계가 회복되어야 인간의 내면세계가 하나님의 성품으로 회복될 수 있다고 하셨다. 산상수훈의 팔복은 그것을 가장 잘 드러내는 말씀이다.

아쉽게도 현대인들은 이러한 행복을 잃어버리고 말았다. 하나님과의 관계가 아니라 다른 곳에 행복이 있는 것처럼 일평생 찾아다니고 있다. 예를 들어 돈, 권력, 성공, 스펙을 추구하면 행복해진다고 믿는다. 하지만 성경은 하나님 없이 세상의 스펙을 쌓으면 더 불행해진다고 말한다. 하나님이 우리를 그렇게 창조하지 않으셨기 때문이다. 하나님은 인간이 하나님의 권위 아래 있을 때 진정으로 행복해질 수 있다고 말씀하신다.

### 팔복으로의 초대

〈악마는 프라다를 입는다〉는 2006년 데이빗 프랭클(David Frankel) 감독이 만든 영화이다. 이 작품은 꿈에 그리던 세계 최고의 패션 잡지 회사에 입사한 주인공 앤드리아가 힘들게 회사에 적응해 나가는 과정을 보여 준다. 때로 까다로운 상사와 어려운 동료들로 힘들어한다. 특히 패션계의 거장인 미란다는 그녀에게 가장 힘든 상대이다. 하지만 회사에 적응해 갈수록 권위자의 이면에는 진정한 행복이 없음을 깨닫고, 그녀는 직장을 내려놓고 자유로운 삶을 찾아간다.

이 영화는 부와 성공에 가려진 내면세계의 어두운 면을 보여 주고 있다. 겉으로 볼 때 영화 속 성공한 이들은 많은 것을 소유하여 행복할 법한 사람들이다. 그러나 그들의 마음은 외로움과 열등감을 느낀다. 시기와 질투와 미움과 원망과 생채기로 가득 차 있다. 그 이유는 모든 것을 돈과 실적의 눈으로 바라보기 때문이다.

이로서 인간은 탐욕과 욕망의 노예로 전락하고 만다. 하지만 아무리 부와 성공으로 자신을 치장한다고 해도 인간의 어두운 면모는 가려지지 않는다. 인간이 행복하지 못한 것은 소유가 아니라 하나님과의 관계에 그 원인이 있다는 것을 모르고 있기 때문이다.

이런 의미에서 예수님이 가르치신 팔복은 잃어버린 하나님의 형상을 회복시키는 것임을 알 수 있다. 하나님과의 바른 관계를 통해서 말이다. 첫 번째 단계(1~4복)는 나와 하나님과의 관계를 보여 주고, 두 번째 단계(5~8복)는 나와 이웃과의 관계를 나타낸다.

　복음을 들으면 우리는 마음이 가난해지고, 애통하게 되고, 온유하게 되고, 의에 주리는 상태가 된다. 하나님과의 관계가 회복되어 참된 기쁨과 자유를 누리게 되는데 이러한 만족은 결코 개인의 삶에 국한되는 것이 아니다. 하나님과의 올바른 관계가 회복된 사람은 사회에 대한 관심이 많아지게 된다. 우리 안에 계신 성령께서 그렇게 만들어 가시기 때문이다.

　하나님의 통치를 받고 믿음에 순종하는 하나님의 백성은 성령의 열매를 맺어 선교적 삶을 살아가게 된다. 즉 세상 안에서 긍휼히 여기는 자가 되고, 마음이 청결한 자로 살고, 화평케 하는 자가 되고, 의를 위해서 고난을 받으며 사는 것이다. 왜냐하면 복음의 생명력은 나를 넘어 이웃과 세상을 향하게 되기 때문이다. 성령 안에 있으면 나의 사랑이 아니라 하나님의 사랑으로 모든 것을 바라볼 수 있는 용기가 생긴다. 더 이상 세상의 질서인 겉사람이 아니라 내적인 속사람으로 살아가게 된다.

　이훈 목사가 쓴 『함께 걷는 순례자』에는 아미쉬(Amish) 공동체에 대한 이야기가 나온다. 물질문명과 동떨어져 사는 그들은 조금 폐쇄적인 것처럼 보인다. 하지만 그들은 산상수훈의 말씀을 단순하게 믿고 살아가는 것으로 유명하다. 그 책에서 인상 깊은 한 대목을 보았다.

세간에 알려지지 않던 아미쉬 공동체에 끔찍한 총기 난사 사건이 일어났다. 범인은 자신의 아이가 죽자 삶을 비관하며, 아미쉬 마을로 달려 들어가 무고한 아이들을 죽이고 자신도 목숨을 끊어 버리는 일이 발생한 것이다. 조용하던 마을이 아수라장이 되었다. 유족들은 어떻게 장례식을 치렀는지 모를 정도로 고통의 시간을 보내야 했다. 그런데 더 충격적인 일은 모든 장례가 끝났을 때 일어났다. 아미쉬 마을의 피해자 유족들은 무고한 범인의 가족은 얼마나 힘들까 생각하며 찾아가 함께 슬퍼했다는 소식이 전해졌다. 아미쉬 사람들은 산상수훈 말씀처럼 네 이웃을 네 몸과 같이 사랑하고, 원수까지도 사랑하라는 말씀을 실천하고 있었던 것이다. 아미쉬 공동체의 생활 방식은 현대인들에게 거룩한 충격을 주기에 충분했다.

## 변화의 힘은 속사람으로부터

베드로 사도는 십자가 안에서 인간의 문제가 해결되었다고 말한다. 그러니 이제는 육신의 생각이 아니라 성령의 생각으로 옛사람의 잔재를 제거하며 살아가야 한다. 세상의 죄로부터 해방된 그리스도인이 어떻게 새사람으로 살아가야 하는지 베드로는 이렇게 말한다.

너희의 단장은 머리를 꾸미고 금을 차고 아름다운 옷을 입는 외모로 하지 말고 오직 마음에 숨은 사람을 온유하고 안정한

심령의 썩지 아니할 것으로 하라 이는 하나님 앞에 값진 것이니라 (벧전 3:3~4)

베드로전서는 이 악한 세상을 변화시키려면 결코 내 힘만 의지해서는 안 된다고 강조한다. 세상을 변화시키는 힘은 겉사람이 아니라 속사람으로부터 나오기 때문이다. 성령 안에서 하나님과 친밀한 교제를 나누면 우리의 속사람은 성령의 충만함을 경험한다. 그리고 성령의 열매를 맺어 예수님의 성품으로 살아간다. 이제는 내 뜻이 아니라 하나님의 뜻대로 인격적인 성령의 지배를 받으며 살아가는 것이다.

하루는 장모님이 손주들을 보고 싶다며 집에 왔다. 그런데 막상 집에 오자 뭔가 할 말이 있다는 듯 조용히 내게 다가와 이야기했다.

"자네 여기 앉아 보게. 오래전부터 자네에게 꼭 할 말이 있었네. 왜 자네는 한 번도 나를 어머니라고 부르지 않는가? 결혼한 지 오래되었는데…."

뜬금없는 질문에 다소 놀랐다. 그런데 생각해 보니 장모님 말이 틀린 것은 아니었다. 결혼 후 한 번도 장모님을 어머니라고 불러 본 적이 없다. 궁색한 변명을 하자면 쑥스러웠기 때문이다. 그런데 장모님은 뭐가 쑥스럽냐는 것이다. 다른 집 사위들은 곰살맞게 "어머니, 어머니" 하는데 그게 부러웠던 것이다.

그 일이 있은 뒤 장모님 생신이 찾아왔다. 어떤 선물이 좋을지 고민하고 있는데, 성령님이 지혜를 주셨다. 큰 선물보다 차라리 '어머니'라는 호칭을 선물로 드리면 어떨까가 떠오른 것이다. 그날 가족들이 한 자리에 모였을 때, 나는 작은 선물과 함께 큰 소리로 외쳤다. "어머님! 생신을 진심으로 축하드립니다!" 그러자 무척 좋아하셨다. 처음 말할 때는 어려웠지만 그날 이후부터 어머니라는 호칭이 어렵지 않게 되었다.

여기서 내가 말하려는 것은 그날의 분위기다. 내 기억으로는 행복의 향내가 방 안을 가득 채우는 것 같았다. 그때 문득 이런 생각이 들었다. '혹시 우리가 성령님을 이렇게 모시고 사는 것은 아닐까? 무관심하거나 친밀하지 않거나 쉽게 다가가지 못하는 어려운 분으로 생각하고 있는 것은 아닐까?'

성령님은 물체나 사물이 아니라 매우 인격적인 삼위일체 하나님이시다. 그분의 이미지와 별명이 바람이나 불이나 물이나 비둘기나 천둥소리라는 것이지, 실제로는 하나님으로서 대화가 가능한 분이시다.

성경은 성령님이 삼위일체 하나님의 영광을 우리에게 보여 주고 알게 하신다고 말한다. 예수님이 나를 위해 십자가에 죽고 부활하셨다는 것을 믿게 하시며, 하나님의 사랑을 깨닫게 하시며, 예수님의 성품을 닮아 가도록 이끄시는 삼위일체 하나님이신 것이다. 게다가 성령 세례를 통해 구원을 받게 하시고 성령 충만을 통해 구원 이후 계속 하나님의 통치를 받게도 하신다.

험한 세상은 일시적이기는 하지만 사탄이 지배하고 있기에,

내 힘만 가지고 영적으로 승리할 수 없다. 영적 전쟁을 해야 믿음의 길을 완주할 수 있다. 이런 상황에 승리하는 신앙생활을 하기 위해서 우리는 성령님과 더 가깝고 친밀해져야만 한다. 성령님을 사랑하고 사모하기만 하면 언제나 그분은 우리와 함께 동행하신다.

복음 전도자 토미 테니(Tommy Tenney)는 『하나님 당신을 갈망합니다』에서 성령님을 대접하는 마음의 태도가 어떠해야 하는지를 우리에게 보여 준다.

한번은 그가 한 친구를 전도하고 싶어 자기 집으로 초대했다. 하지만 가난한 대학생이라 집에는 좋은 식탁이나 소파가 없었다. 간이 의자가 전부였다. 초청한 친구의 체격은 상당한 거구였다. 친구가 집에 들어왔을 때 주위를 둘러보며 들어오기를 꺼려 했다. 자기에게 맞는 곳이 없었기 때문이다. 그래서 그런지 그날은 복음 전도에 실패했다.

몇 개월 후 그는 다시 친구 전도에 도전했다. 가라지 세일에서 편안한 소파도 사고, 식탁도 장만하고, 좀 더 정성껏 맛있는 음식도 준비했다. 그러자 친구가 집에 들어와 편안한 느낌으로 오랫동안 대화를 나눌 수 있었고, 복음도 전할 수 있었다. 그리고 편안하게 영접 기도를 시킬 때 회심을 하게 되었다.

토미 테니는 이 사건을 통해 성령님에 대한 중요한 진리를 깨달았다고 한다. 인격적인 성령님도 우리를 이렇게 느끼지 않을까 생각해 보게 되었다고 고백한다. 그렇다. 내가 최근 죄를 짓고 있다면 성령님은 근심하실 것이다. 그러나 하나님의 뜻에 순종할 때 성령님은 기뻐하며 행복하실 것이다. 말씀을 읽을 때 속사람이 기쁠 것이고, 기도할 때 성령님은 춤추실지 모른다.

　시대마다 하나님이 쓰시는 사람은 성령님께 편안한 사람이었다. 이런 의미에서 그리스도인에게 최고의 스펙은 외적인 것이 아니라 내면에 있음을 잊지 말아야 한다. 하나님의 뜻 안에서 성령에 민감하여 순종하는 것이 중요하다. 이것이 구원 이후 우리의 삶이 되어야 한다. 따라서 성도에게 최고의 스펙은 물질적인 것이 아니라 하나님의 성품에 있는 것이다. 다시 말해 내 영혼이 하나님의 성품을 닮아 가는 데 있는 것이다.

## 직업목사의 반성문
### 4

하나님, 구원의 감격과 황홀함을 잊어버리고 세상이 주는 달콤한 유혹에 빠져 살아온 것을 회개합니다. 신앙의 타성과 습관과 매너리즘에 빠져 주님을 섬겨 왔습니다. 하나님의 원대한 계획과 비전을 모르고 정착민으로 살아가려 했던 것을 회개합니다. 제가 이루어 온 과거와 성공에 도취되어 자기만족에 살아왔습니다. 이제 다시 온전한 복음으로 돌아가 하나님의 뜻 안에서 살아가게 해 주십시오. 직업목사로서가 아니라 부르심 따라 살아가게 해 주십시오. 편안함과 안락함을 쫓기보다 하나님 나라의 환상을 가지고 살아가게 해 주십시오. 눈에 보이는 세상이 아니라 영원한 나라의 비전을 품고 살아가게 해 주십시오. 예수님의 이름으로 기도합니다. 아멘.

**목사와 소명 4**

## 나의 삶이 나의 유언

연변에 갔을 때 명동이라 알려진 윤동주가 살았던 북간도와 용정마을, 그리고 대성학교를 방문하게 되었다. 그곳은 한국 교회의 김약연 목사 생가가 있는 곳이기도 하다. 오래된 생가를 박물관으로 개조해 사람들이 자주 찾아가는 성지가 되고 있다.

김약연 목사는 나라를 잃어버리고 희망이 없을 때 북간도로 건너가 마을을 개간한, 한국 교회의 귀감이 될 만한 목회자이다. 그는 평소 언행 심사가 일치된 사람으로 유명하다. 일찍이 독립운동을 위해 교육이 중요하다 여기고 명동에 여러 학교를 세운 선각자였다. 그는 교회를 세우고 학교를 세우고 독립운동가를 양성했으며, 해방될 조국을 위해 후학들을 길러 교육가를 많이 배출한 지도자였다.

그가 죽음을 앞두자, 가족과 지인들이 모두 한자리에 모였다. 사람들은 임종을 앞둔 그에게 물었다고 한다. "목사님, 우리에게 마지막으로 남기고 싶은 유언이 있으십니까?" 그때 그가 이렇게 대답했다고 한다. "지금까지 내가 살아온 삶이 나의 유언이다."

얼마나 하나님 앞에서 부끄러움이 없는 신전 의식을 가지고 살았으면 그렇게 유언을 남길 수 있었을까? 늘 청빈하고, 정직하고, 세속에 물들지 아니한 진실된 사람이었던 것을 알 수 있다. 훗날 그가 보여 준 선한 행실과 양심으로 복음에 영향을 받은 민족 지도자들이 나온 것은 결코 우연이 아니었을 것이다.

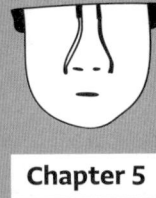

Chapter 5

# 난 오늘 직업목사가 아닌 제자로 살기로 했다

직업목사가 아닌 제자의 삶이 무엇인지 살펴본다. 온전한 복음은 결코 개인 구원과 교회 안의 삶에 안주하게 하지 않는다. 오히려 하나님이 찾으시는 잃어버린 영혼에게로 가서 위대한 지상 대명령에 헌신하게 만든다. 하나님은 그러한 사람들과 함께하며 동행해 주신다. 그래서 하나님이 보내신 곳에서 선교적 삶을 살아가게 하신다. 복음은 세상으로 보냄받은 자를 통해 일상 속 하나님 나라가 세워지도록 만드는 원동력이 되는 것이다.

# 17
## 거룩한 사랑이 나를 부른다

그들이 배들을 육지에 대고
모든 것을 버려 두고 예수를 따르니라

눅 5:11

스리랑카에 갔을 때 샤먼이라는 현지 목사님을 만난 적이 있다. 그런데 뭔가 이상했다. 현지인이라기에는 너무나 한국어가 유창했다. 나는 물어볼 수밖에 없었다.

"목사님, 어떻게 한국말을 저보다 잘하시나요?"

"저와 아내는 한국에서 7년간 일을 했거든요."

"그런데 언제 목사가 되셨어요?"

그러자 목사님은 자신이 어떻게 하나님을 믿게 되었는지, 또 어떻게 목회자로 사명을 감당하고 있는지 지나온 이야기를 차분히 들려주었다.

"저는 부자 되는 게 꿈이었어요. 그것이 한국에 간 목적이었지요. 열심히 돈만 벌면 스리랑카에서 부자로 살 수 있을 거라 생각했어요. 그런데 한국에서 일하며 장로님 부부의 복음을 듣고 제 인생의 목적이 바뀌고 말았어요. 한국에 있는 동안 그 분의 사랑을 받고 하나님을 알게 되었어요. 스리랑카로 돌아올 때 아내에게 말했어요. '아무래도 나 신학을 해야 될까 봐. 하나님의 사랑이 나를 부르고 있어.' 이 말에 아내는 며칠 깊이 고민하더니 저의 부르심에 동의했지요. 그런 아내가 너무 고맙고 감사할 따름이에요. 그렇게 신학교 졸업 후 스리랑카에서 예수님의 제자로 살고 있어요. 이제 저의 꿈은 인도에 교회를 세우고 선교사를 파송하는 것입니다."

목사님의 이야기를 들으며 나는 부르심에 대해 다시 생각해 보게 되었다. 하나님은 어떤 자를 부르시는가? 어떤 자를 들어 하나님 나라를 위해 사용하시는가? 바로 하나님의 사랑을 받은 사람, 하나님의 사랑에 깊이 반응하는 사람이다. 오늘도 그 사랑이 우리를 부른다. 우리는 그 사랑에 반응하고 있는가?

# 18
# 부르심이 없다면 돌아가도 좋습니다

> 바리새인들이 하나님의 나라가 어느 때에 임하나이까 묻거늘
> 예수께서 대답하여 이르시되 하나님의 나라는 볼 수 있게 임하는 것이 아니요
> 또 여기 있다 저기 있다고도 못하리니
> 하나님의 나라는 너희 안에 있느니라
>
> 눅 17:20~21

나는 X세대 목사이다. 90년대 문화의 아이콘인 서태지와 아이들이 나타나 기성세대에 저항하는 운동을 표방하던 시대 속에 자랐다. 그 당시 기성세대는 우리 세대가 너무 이질적이어서 이해할 수 없다며 'X세대'라고 불렀다. 보릿고개를 모르고 풍요 속에 자란 X세대가 대학교를 다닐 때는 이미 민주화운동이 끝나 있었고, 여러 사회 과업들이 목표에 도달하여 특별한 목표가 없는 시대였다. 그저 잘 먹고 잘사는 게 전부인 것처럼 여겨지게 되었다. 그렇게 시간이 흘러 초개인주의 시대가 도래하고 자기중심적인 시대가 되어 버린 것이다.

### 세속 도시와 다원주의 광장에서

과거 1백 년을 돌아보면 가히 상상하기도 어려운 속도로 세상은 변해 왔다. 1백 년 전 신문을 통해 정보를 보던 시대에서 라디오 시대가 되었고, 라디오 시대에서 마이카 시대로 변하게 되었다. 차로 이동하며 라디오를 듣던 시대에서 소형 TV가 개발되기가 무섭게 비디오 시대가 도래하게 되었다.

유현준 교수는 『공간의 미래』에서 '마이크는 권력을 상징한다'고 말한 바 있다. 오랫동안 미디어 권력을 장악하고 있는 자들이 생산하는 TV 영상을 보며 똑같은 생각과 똑같은 문화에 길들여진 채 살았다. 그러나 다채널 방송 시대가 열리고 컴퓨터와 인터넷이 연이어 발명되면서 인류는 지금까지 한 번도 경험해 보지 못한 정보혁명 시대를 맞이하게 되었다.

매년마다 홍수처럼 쏟아지는 정보의 양은 상상을 초월할 정도이다. 『누가 내 치즈를 옮겼을까』라는 책을 썼던 스펜서 존슨(Spencer Johnson)의 말이 무색할 정도로 세상은 빠르게 변했다. 지금은 모바일 스마트폰 시대가 열리면서 전 세계가 온라인상 하나가 되어 버렸다. 이제 마음만 먹으면 언제 어디서 누구나 소통하고 정보를 공유할 수 있게 되었다. AI 인공지능은 향후 더 빠른 변화를 가져올 전망이다.

이런 시대에, 과학만능주의가 만연한 시대에 복음은 과연 이 세상의 대안이 될 수 있을까? 또 세속화된 도시와 다원주의 광장에서 목사는 어떻게 살아야 하는가?

나는 목사가 복음의 본질을 제대로 믿기만 하면 기독교는 여전히 세상의 희망이라고 굳게 믿는다. 왜냐하면 세상보다 하나님이 더 크시기 때문이다. 또한 인간이 만든 과학기술은 하나님 나라의 복음과는 비교조차 안 되기 때문이다.

단적으로 과학기술이 죄 문제와 영혼의 문제를 해결할 수 없다는 것만 보아도 쉽게 알 수 있다. 그런데도 세상은 계속 사람들에게 이상적인 유토피아를 꿈꾸게 만든다. 정말 만약 과학이 유토피아를 가져올 수 있다면 세상의 전쟁과 갈등은 벌써 종식되어야만 했다. 하지만 그러지 못했다. 인류의 기술이 발전하면 발전할수록 진보는커녕 더 많은 문제가 일어나고 있음을 전 세계 뉴스를 통해 알 수 있다. 전쟁, 기근, 재해, 폭력, 갈등, 차별, 혐오만 증폭되고 있을 뿐이다.

이런 의미에서 과학기술은 인류에게 궁극적인 평안을 줄 수 없다. "타락한 인간은 오직 하나님께로 오기 전에는 참된 안식을 찾을 수 없다"라고 했던 어거스틴의 말은 정확하게 옳다. 이 세상의 문제는 우리가 하나님을 만날 때, 복음으로 해결될 수 있는 것이다. 그 복음은 하나님이 하신 일과 하나님만이 우리의 주인이라는 고백 외에 다른 것이 아니다.

하나님은 죄로 인해 망가진 세상을 어떻게 회복시키실까? C. S. 루이스에 따르면 그것은 거대한 군사작전처럼 이루어지지 않았다. 전능하신 하나님은 충분히 그렇게 하실 수 있었지만 그렇게 하시지 않았다. 오히려 하나님의 아들을 세상에 보내시고 열두 제자를 통해 많은 사람을 제자로 삼아 사랑으로 세상을 변화시키길 원하셨다. 그래서 십자가를 통해 대속의 사랑을 보여 주신 것이다.

왜 능력의 하나님이 그렇게 하셨을까? 이 세상은 영화 〈설국열차〉처럼 악인과 선인이 공존하고 있기 때문이다. 이에 혹시라도 악인을 뿌리 뽑다가 선인이 다칠까 봐 참고 기다리시는 것이다. 하나님이 선택한 사람을 구원하기 위해 사랑으로 오래 참기로 결정하신 것이다. 지금은 하나님의 사랑이 흘러넘치는 기간인 셈이다.

X세대 목사인 나는 하나님 나라를 잘못 생각했던 적이 있다. 직업목사로 살며 복음을 오해했기 때문이다. 하나님 나라의 특성을 보여 주는 마태복음 13장의 겨자씨와 누룩의 비유를 크게 착각했었다. 교회 성장주의 시대에 자랐던 나는 복음을 '기복주의'와 '성공주의'와 '번영주의'로 착각했다. 주일학교 때부터 예수를 믿으면 공부도 잘하고, 돈도 많이 벌고, 교회도 크게 성장되는 것으로 오해했다. 그러나 하나님 나라는 그런 가르침이 아니었다.

예수님은 겨자씨와 누룩을 통해 성장 논리를 가르치려 하신 것이 아니다. 세상에 비해 작고 초라했던 열두 제자의 모습을 비교하고 계셨던 것이다. 지금은 제자들이 미미한 존재이지만, 예수님을 믿으면 복음으로 세상을 변화시킬 수 있다는 것을 보여 주시는 것이다.

겨자씨가 가시적인 변화를 상징한다면 누룩은 보이지 않는 제도의 변혁을 말해 주고 있다. 즉 민들레 홀씨처럼 제자들이 전하는 복음이 모든 영역 안으로 침투해 들어가며 역동적으로 세상이 변화될 것을 말해 주고 있는 것이다. 이것은 예수님으로부터 이미 시작된 하나님 나라가 시작은 미약하지만 크게 완성될 것임을 보여 준다. 하나님이 왕으로 다스리시는 곳마다 죄의 권세가 무너져 버리기 때문이다.

### 역동적인 복음의 스펙트럼

성경이 말하는 복음은 '하나님이 우리의 왕이시다'라는 소식이다. 하나님은 왕이시고, 우리는 하나님의 백성임을 알게 되는 소식이다. 그렇다면 구체적으로 하나님 나라는 어떻게 이 세상에 온다고 예수님은 말씀하시는가?

누가복음 17장 20~24절에서 예수님은 하나님 나라에 대해 가르쳐 주셨다. 바리새인이 예수님에게 하나님 나라가 어떻게 임하는지를 묻자, 예수님은 "여기 있다 저기 있다고도 못하니 하나님의 나라는 너희 안에 있느니라"라고 말씀하셨다.

여기서 '너희 안'은 in(안에)과 among(사이에)으로 번역될 수 있다. 둘 다 번역이 가능하지만 '너희 안에'라고 해석할 경우 개인 구원으로 좁혀질 여지가 있다. 반대로 '너희 사이에'라고 번역하면 하나님 나라의 역동성을 잘 드러낼 수 있게 된다. 나는 후자가 더 적절한 번역이라고 생각한다. 즉 하나님의 통치가 임하는 곳이면 어디나 하나님 나라가 될 수 있는 것이다. 교회 안이든 세상이든 상관없다. 문맥상 이것이 더 역동적인 하나님 나라를 보여 준다고 할 수 있다. 이 해석은 사도행전의 중심 구절 1장 8절과도 잘 어울린다.

> 오직 성령이 너희에게 임하시면 너희가 권능을 받고 예루살렘과 온 유대와 사마리아와 땅끝까지 이르러 내 증인이 되리라 하시니라 (행 1:8)

과거에는 이 구절에 나오는 '땅끝'을 문자적으로만 이해했다. 그래서 예루살렘, 유대, 사마리아, 땅끝, 이렇게 순차적으로 선교가 완성되는 것으로 보았다. 즉 지리적, 공간적, 순서적으로 보고 제한시켰던 것이다.

이러한 해석은 하나님 나라의 운동력을 약화시킬 소지가 있다. 실제로 내가 들은 설교 중에 예루살렘은 나의 가정, 유대는 나의 이웃, 사마리아는 나와 원수, 땅끝은 세계 선교 등으로 해석하는 경우도 보았다. 그것이 완전히 틀렸다고 볼 수는 없지만, 온전한 복음을 이해하는 데 어려움이 있는 것이 사실이다.

만일 그렇게 좁게 해석할 경우 선교지로 나가야 할 선교사가 불신 가족을 구원하지 못해 해외로 나가지 못하는 경우도 생길 수 있다(사실 나도 신학교에서 그렇게 배웠다). 하지만 구원은 하나님의 선물이지 인간이 할 수 있는 것이 아니다.

오히려 바람직한 해석은 땅끝을 전방위적 개념(All Scopes), 혹은 입체적 개념으로 보는 것이다. 즉 하나님의 통치가 임하지 못하는 모든 곳을 땅끝으로 해석하는 것이다. 예를 들어 하나님의 통치가 충분히 임하지 못하는 어두운 디지털, 온라인 영역도 땅끝이 될 수 있다. 왜냐하면 이것이 통치하시는 하나님의 주권과 범위를 보여 주고 있기 때문이다.

그런 시각으로 사도행전 1장 8절을 보면 복음의 스펙트럼이 넓어지게 된다. 교회만 하나님 나라라고 해석하지 않아도 된다. 왜냐하면 하나님의 주권이 인정되는 곳마다 모두 하나님 나라가 될 수 있기 때문이다. 이것은 목회자의 부르심에도 적용될 수 있다. 예를 들어 하나님의 부르심을 받은 사역자가 도시에 있든 농촌에 있든, 대형 교회에 있든 개척 교회에 있든 제자의 삶을 사는 데 전혀 상관없다는 것이다. 목사를 굳이 교회 안에서 사역하는 것으로 국한시키는 것은 가톨릭의 관료주의나 계급주의에 해당한다고 생각된다.

오히려 우리는 종교개혁의 후예로서 직업 소명과 만인 제사장의 신앙으로 선교적 삶을 살아가야 한다. 부르심이 없는 자는 없다. 믿음 안에서 주부나 직장인이나 학생이나 목사나 선교사나 법조인이나 스포츠인이나 예술인 모두가 땅끝이라는 영역에서 목회 활동을 하고 있는 것으로 보아야 한다. 이처럼 교회는 하나님의 백성으로 건물이나 공간이 아니기에 초막이나 궁궐이나 아골 골짝 빈 들 어디라도 내 주 예수와 동행하는 곳이 하나님 나라가 되어야만 한다.

하나님 나라 관점에서 보면 교회는 고정된 것이 아니라 유동적인 것, 즉 액체(Liquid)로 볼 수 있다. 하나님의 나그네 된 백성, 거류민으로서 말이다. 이러한 하나님 나라의 속성은 마태복음 28장 20절의 지상 대명령과도 일맥상통한다. 삼위일체 하나님은 우리가 어디에 가든지 세상 끝 날까지 우리와 함께하겠다고 약속하셨다. 실로 얼마나 대단한 약속인가?

한 목사님이 충북 보은의 농촌에서 목회를 하고 있었다. 그런데 그 지역에 많은 외국인 며느리들이 시집와서 살게 되었다. 평온하던 농촌 마을에 갑자기 다문화 가정이 많아지게 되자 이런저런 문제가 발생했다.

목사님은 베트남 며느리들을 볼 때마다 안타까운 마음이 들었다. 어린 나이에 한국으로 시집와서 고된 농사일을 하고, 나이 많은 남편과 소통이 어렵고, 시어머니에게 홀대당하고, 자녀 교육은 방치된 상황 속에서 살아가고 있었기 때문이다. 교회 재정이 넉넉하지 않아 그들을 마음껏 도울 수도 없었다.

하지만 감사하게도 베트남 며느리들은 교회에 오는 것을 너무 좋아했다. 외로울 때 교회만 오면 목사님과 사모님이 따뜻하게 환대해 주었기 때문이다. 컴퓨터도 가르치고, 한국 음식도 가르치고, 성경도 가르쳐 주었기에 그들은 교회 오는 것을 손꼽아 기다렸다.

목사님의 사역을 도울 기회가 생겨서 이곳에 가장 필요한 것이 무엇이냐고 물어보았다. 그러자 목사님은 외국 며느리들이 오랫동안 가족을 보지 못해서 가족을 만나 보는 것이 소원이라고 말했다. 시집와서 단 한 번도 고향을 가 보지 못한 것이다.

공동체 성도들에게 이러한 기도 제목을 나누자, 십시일반으로 돈을 모아 지원해 주고 우리는 그들의 고향으로 선교 여행을 떠나기로 했다. 그리고 목사님과 대표 두 명을 선발해 베트남에 가는 티켓을 끊어 주었다. 우리가 준비한 것은 이미용, 한국 문화 소개, 코리안 나이트, 복음 전도뿐 아니라 냉장고를 현지에서 조달해 전달하기로 했다.

현지에 도착했을 때 이미 70~80명의 친인척들이 우리를 기다리고 있었다. 그곳에서 우리가 가져간 학용품들과 의류를 꺼내 놓자 단박에 동이 나 버리고 말았다. 다양한 사역을 하고 그들의 어머니에게 복음을 전하자 하나님을 믿게 되는 기적이 일어났다.

그 후 하나님의 사랑을 느낀 두 명의 베트남 며느리들을 중심으로 교회가 생명력이 넘치게 되었다. 작은 모임이 활성화되기 시작하더니 무관심했던 그 마을에 이주민 노동자와 다문화 가정, 외국인 며느리들에 대한 영적인 돌봄이 시작되었다. 나는 이것이 복음이 세상을 변화시켜 나가는 방법이라고 생각한다.

# 19
# 모두가 선교사인 시대

또 네가 많은 증인 앞에서 내게 들은 바를 충성된 사람들에게 부탁하라
그들이 또 다른 사람들을 가르칠 수 있으리라
**딤후 2:2**

신대원에 아주 친한 동기가 한 명 있었다. 그는 한 마을이 어떻게 복음으로 변화되는지 내게 자주 이야기해 주곤 했다. 그러면서 자신이 살던 마을 이야기를 해 주었다.

과거에 그의 집은 가난해도 너무 가난했다. 산골짜기 동네라 차도 안 다니고, 교회도 없고, 학교도 멀고, 전기도 들어오지 않았다. 그런데 어느 여름날 그 깡촌 마을에 처음 보는 대학생들이 찾아왔다. 1주일 동안 머물며 농활을 하고, 여러 프로그램을 진행해 주었다. 그 당시 친구는 너무 행복했다고 한다.

나중에 커서 보니 그들은 대학생 선교 단체 거지 순례 전도 팀이었다. 여름방학을 이용해 국내 아웃리치를 진행 중이었다. 깡촌 마을까지 와서 성경학교를 열고 사람을 모아 복음을 전했

다. 그들이 뿌린 복음의 씨앗으로 친구의 가족 모두 예수를 믿고 가족 예배를 시작하게 되었다.

예배 때마다 어머니가 하루도 빼놓지 않고 하는 기도 제목이 있었다. 그것은 이 척박한 시골에도 교회가 세워지게 해 달라는 것이었다. 어머니의 간곡한 기도는 마침내 꿈대로 이루어졌다.

신작로가 생기고, 전기 불이 들어오고, 전도사 한 분이 마을에 이사 오더니 개척을 하고 교회가 세워졌다. 그 교회를 모교회로 삼고 신앙생활을 하다가 그는 장성해서 서울에 있는 신학교로 유학을 오게 되었고, 지금은 복음의 빚진 자로 목회를 잘하는 목사가 되었다.

나는 그 친구의 말을 듣고 복음의 생명력이 무엇인지 알게 되었다. 복음은 생명이기에 그 씨앗이 어떤 밭에 떨어져 어떻게 자라나게 될지 아무도 모른다. 그러나 옥토에 떨어지기만 하면, 줄기를 뻗고 열매를 맺어 생명이 또 다른 생명을 낳아 복음의 재생산을 통해 온 세상에 복음을 퍼뜨리게 된다. 그렇게 보면 일대일로 복음을 듣게 되면 이론상으로 50년 안에 전 세계가 복음화될 거라는 이야기는 틀린 말이 아니다.

## 이 땅을 살아가는 목적

어떤 성경 번역 선교사가 선교지에 갔다. 그러나 그 부족에는 하나님 나라를 번역할 수 있는 마땅한 단어가 없었다. 그 부족에 왕, 나라 같은 개념이 없었기 때문이다. 선교사는 할 수 없이 하나님 나라를 '좋은 씨앗(Good seed)'으로 번역했다고 한다. 나는 개인적으로 이것이 너무 훌륭한 번역이라고 생각한다. 하나님 나라 복음은 작은 씨앗이지만 그 안에 놀라운 생명력을 간직하고 있기 때문이다.

사도행전 18장에 나오는 바울의 삶을 통해 우리는 이 땅을 살아가는 목적이 무엇인지 배울 수 있다. 바울은 고린도에 도착하기 전 아덴에서 선교에 실패하고 절망 속에 있었다. 아덴은 지성적인 분위기로 가득했고, 고린도는 쾌락주의가 만연한 도시였다. 이 두 도시의 공통점은 모두 영적인 진리에 무관심하다는 것이었다. 고린도 지역은 아덴보다 더 세속화된 지역이었다. 바울은 할 수만 있다면 이 도시를 벗어나고 싶었다.

그런데 웬일인가. 성령님은 바울의 계획을 막으셨다. 그 이유가 무엇일까? 하나님은 바울에게 "이 성중에 내 백성이 많음이라"(행 18:10)라고 말씀하셨다. 이로 인해 바울은 1년 6개월 동안 불편한 곳에서 선교적 삶을 살았다. 바울은 하나님의 말씀에 어떻게 반응했는가? 성령에 민감했던 바울은 담대하게 헌신했다. 하나님 나라를 위해 불편해지기로 결심한 것이다.

구원 이후 우리가 천국에 바로 가지 않는 이유는 무엇인가? 그것은 내 집 마련을 위해서도 아니고, 주식을 증식하기 위해서도 아니다. 좀 더 이 세상에 오래 사는 게 목적이 아니다. 하나님 나라의 비전을 성취하기 위해서 이 땅을 살아가는 것이다.

그래서 바울은 하나님이 가라 하시는 곳에 가고, 멈추라 하시는 곳에 멈추었던 것이다. 천국의 유목민처럼 말이다. 그것이 우리가 이 땅을 살아가는 최우선 순위가 되어야 한다.

솔직히 이것은 쉬운 일이 아니다. 아무리 믿음이 좋은 자라도 간혹 세상에서 편하게 살고 싶은 때가 있다. 그때마다 나는 성육신을 묵상해 본다. 예수님은 하나님의 뜻에 갈등을 할 때 면도날 법칙을 사용하셨다. 언제나 편한 길보다 육체적으로 불편한 길을 선택하신 것을 공생애에서 볼 수 있다. 이를 통해 우리가 알 수 있는 것은, 우리도 먼저 하나님의 일을 추구하면 인도하심을 받을 수 있다는 것이다.

구원받은 성도에게는 성령님이 내주하고 계신다. 성령의 내주하심이란 내 몸 안에 성령의 사람과 육신의 사람이 공존하고 있는 것이다. 따라서 성령이 인도하시는 대로 살아가려면, 육신이 다소 불편해질 가능성이 높다. 이것이 예수님을 따르는 제자들이 날마다 자기의 옛 생각을 부인하고, 자기 십자가를 지고 좇아야 한다는 의미일 것이다.

바울이라고 해서 왜 갈등이 없었겠는가? 육신적으로는 고린도 지역에 거주하고 싶지 않았을지라도, 그는 일부러 자신을 불편하게 했던 것이다. 그것이 세상을 살아가는 그리스도인의 거주 정신이기 때문이다. 만일 바울이 육신적으로 편해지려 했다면 고린도에 머물지 않았을 텐데 그러지 않았다.

실제로 나는 믿음이 좋은 사람들이 이런 결정을 하는 것을 자주 목격했다. 한 목사님이 신혼 때부터 자신의 집을 오픈하여, 수많은 선교 단체의 간사님들과 20년간 사생활 없이 공동체 생활을 했다는 간증을 들었다.

그곳을 하나님 나라를 꿈꾸는 마가의 다락방으로 활용했다. 제자를 훈련하고, 전도한 사람을 양육하고, 가난하고 소외된 자들을 섬기는 식탁 공동체로 활용했던 것이다. 게다가 다른 곳에서는 받아 주기 힘든 대학생과 청년들을 데려다가 먹이고 입히고 재우면서 하나님 나라를 세워 갔다.

또 교회의 특별새벽기도회 강사로 온 카자흐스탄의 한재승 선교사 설교를 들은 적이 있다. 그는 가족과 함께 선교 훈련을 받고 카자흐스탄으로 출발했다. 그곳에서 하나님 나라를 세워 가는 것이 너무 행복하고 보람도 있었다. 그러나 선교지에서 전혀 예상하지 못한 사건을 경험하게 되었다. 사역을 하느라 집을 비운 사이에 아내가 강도들의 습격을 받고 생명을 잃고 말았다. 인생의 꿈이 산산조각 나고 사역은 아수라장이 되었다. 정신이 없었다.

그는 사랑하는 아내를 땅에 묻고 지친 마음으로 본국에 돌아왔다. 어떤 말로도 위로할 수 없는 그의 마음을 교회 식구들이 돌봐 주었다. 기도하며 다시 마음을 추스르던 어느 날 그는 굳은 결심을 하게 되었다. 다시 아내가 묻힌 곳으로 돌아가 주님 오시는 날까지 그 땅의 영혼을 위해 사명을 다하기로 자신의 모든 권리를 내려놓은 것이다. 오직 주의 사랑에 매여서 말이다. 어떻게 그렇게 할 수 있었을까? 그의 인생의 목적이 세상과 달랐기 때문이다.

우리가 이 세상에 사는 이유는 분명하다. 그것은 한 영혼을 주께로 인도하기 위해서이다. 그러므로 직업목사가 아닌 제자가 된다는 것은 모든 상황 속에서 전방위적 선교사가 되는 것을 의미한다. 언제 어디서 무엇을 하던지 내가 이 세상에서 하는 모든 일은 하나님 나라와 관련이 있어야 한다.

예를 들어 식당에서 양파나 마늘을 다듬든지, 카페에서 바리스타로 커피를 내리든지, 도서관에서 사무원으로 일하든지, 힘든 자녀 육아를 하든지, 유학을 가서 공부를 하든지, 내가 하는 일은 모든 게 영혼 구원과 관련이 있어야 한다. 작은 자에게 물 한 컵 준 것을 하나님은 잊지 않겠다고 약속하셨기 때문이다.

이와 같이 복음을 믿고 예수를 따라 산다는 것은 선교적 삶으로 드러나게 된다. 그 생활은 어두운 세상, 땅끝에서 하나님만 바라보며 때로는 연약함을 느끼는 것이며, 때로는 외국인처럼 소외감을 느끼는 것이며, 때로는 소망의 인내를 필요로 하기도 한다. 이는 고난 중에 하나님만 의지하도록 하기 위해 주께서 요구하시는 독특한 생활 방식이다. 예수님이 그 십자가의 길을 먼저 걸어 올라가셨다는 것을 우리는 익히 잘 알고 있다.

### 창조 질서를 회복하는 샬롬의 비전

이 세상에서 선교적 삶을 살아가려면 무엇이 필요한가? 바로 기독교 세계관이다. 기독교 세계관으로 잘 무장되어 있어야 넉넉히 감당할 수 있다. 성경에서 말하는 기독교적 세계관은 창조, 타락, 구속, 회복, 완성의 세계관이다. 하나님이 창조하신 세상이 죄로 인해 망가져 있음을 알고, 창조 질서를 회복하고자 하는 샬롬의 비전을 가져야 한다.

가장 중요한 것은 예수님이 우리에게 오셔서 자신의 목숨을 내어 주기까지 사랑한 십자가 사건이다. 이제 예수님을 따라서 십자가의 길을 걸어가려면 나 자신도 예수님과 같은 생활 방식으로 살아가야 한다. 예수님은 공생애 가운데 이 세상 속에 거주했으나 거류민으로 사셨다. 이 세상을 사랑했으나 정착하지 않고 하나님 나라를 소망하셨다.

불행하게도 지난 기독교 역사에는 이런 하나님 나라를 잘못 오해한 사람들이 많았다. 복음의 진리 안에서 그 나라를 해석하지 못하고 결핍되거나 과격하거나 정치적 운동으로 왜곡하기도 했다.

하나님 나라를 현재적으로만 보는 어떤 이들은 그 나라가 이미 이 땅에 도래했다고 믿었다. 모든 것이 완성되었다고 주장했다. 그들은 실현된 종말론을 강하게 주장하며, 다시 오실 예수님에 대해서는 관심이 없었다. 이 세상에 자신들의 왕국을 세우려 했다. 이러한 사람들은 세상 문화와 동화되어 교회를 하나님 나라로 간주하거나 이 땅이 지상낙원이 될 수 있다고 믿기까지 했다.

반대로 하나님 나라를 미래적으로만 보는 이들은 잘못된 시한부 종말론에 빠져 교회를 어지럽게 만들었다. 임박한 종말론을 극단적으로 주장하고, 그날과 그 시를 알 수 있다며 미래적 종말에만 관심을 가졌다. 행위 구원을 강조하며 이 세상을 악하다고 보고 배타적 구원을 주장하며 집단 광기를 일으키기도 했다. 이러한 시한부 종말론은 언제나 반사회적으로 흘러가 건강과 재산과 가족을 파괴시키는 결과를 낳았다. 이것은 하나님 나라의 현재적 측면을 간과해 버렸기 때문에 나타난 것이다.

이와 같이 극단적인 실현된 종말론, 극단적인 미래적 종말론은 '이미'와 '아직' 사이에 있는 균형 잡힌 종말론과는 거리가 멀다. 그들은 예수님이 말씀하신 종말론적 영성과는 거리가 멀다. 그들은 한쪽으로 치우쳐 세상에 오신 예수님을 잘못 해석했다. 성경에 나타난 예수님은 믿음만 강조하지도 않았고, 현실만 강조하지도 않았다. 그분은 신성과 인성을 모두 강조하신 하나님의 아들이셨다.

균형 잡힌 종말론을 갖기 위해 우리는 어떤 자세를 취해야 할까? 여기에 답이 될 만한 탁월한 비유가 있다.

어떤 마을에 신혼부부가 둘 있었다고 한다. 한 신혼부부는 다음과 같았다. 갓 결혼한 신부는 신랑을 너무 사랑했다. 신랑과 한시도 떨어져 있고 싶지 않았다. 그러나 신랑은 어쩔 수 없이 일을 하러 나가야 했다. 신부는 신랑이 아침에 나갈 때에도 너무 사랑해 반드시 문밖에서 배웅을 해 주었다. "여보, 사랑해요. 당신 보고 싶어 어떡하지? 오늘 하루 잘 다녀와요"라고 인사하며 서로 헤어졌다.

늦은 오후 퇴근하여 집에 돌아온 남편은 아내를 보고 싶은 마음에 초인종을 눌렀는데 너무 충격적인 상황을 보고 말았다. 신부가 아침에 배웅했던 그 자리에서 한 발자국도 움직이지 않고 아무 일도 하지 않고 신랑만 기다리며 앉아 있었다. 그 모습에 남편은 충격을 받았다. 이는 하나님 나라의 일상생활을 무책임하게 사는 그리스도인을 비유한 것이다.

또 다른 신혼부부는 다음과 같았다. 그 신부도 신랑을 너무 사랑하여 아침마다 신랑을 문 앞까지 배웅했다. 그리고 신랑을 너무 사랑해서 포옹하고 잘 다녀오라고 인사를 건넸다. 그 후 신부는 일상생활을 의미 있게 살았다. 퇴근할 남편을 위해 하루 종일 집 안을 청소하고, 장을 보고, 남편이 좋아하는 맛있는 저녁을 준비하느라 정신이 없었다. 그녀는 그것을 일로 여기지 않고 사랑으로 생각했다.

어느덧 남편이 퇴근하여 집에 오게 되었다. 저녁 준비하느라 정신이 없을 때 초인종이 울리자 아내는 허겁지겁 하던 일을 멈추고 반갑게 남편을 맞이하러 나갔다. 그때 일하다 뛰어나온 아내를 본 남편의 기분은 어떠했을까? 아무 일도 안하고 남편 오기를 바란 신부보다, 하루 일과 중에 남편을 맞이한 신부를 볼 때 신랑은 보람도 있고 큰 행복을 느끼지 않았을까?

# 20
# 청바지 입은 예수처럼

약한 자들에게 내가 약한 자와 같이 된 것은
약한 자들을 얻고자 함이요
내가 여러 사람에게 여러 모습이 된 것은
아무쪼록 몇 사람이라도 구원하고자 함이니
**고전 9:22**

세계적인 베스트셀러 작가 로리 베스 존스(Laurie Beth Jones)는 『청바지를 입은 예수』라는 책을 썼다. 그녀는 이 책에서 예수님의 일상생활에 주목하며 하나님 나라를 설명했다. 예수님을 바라보며 그녀가 던졌던 질문은 이런 것들이다.

예수님은 왜 왕이시면서 화려한 궁궐이 아니라 베들레헴 마구간으로 오셨던 것일까? 그리고 예수님은 왜 예루살렘이 아니라 갈릴리 나사렛에서 하나님 나라 운동을 시작하셨던 것일까? 예수님은 왜 하나님의 아들로서 사람이 되셨던 것일까?

그녀는 우리를 이해하고 우리와 친구가 되기 위해 예수님이 그러셨다고 답한다. 즉 예수님은 모든 이의 구원자요 친구가 되길 원하셨고, 한 영혼을 더 잘 섬기기 위해 성육신으로 오셔야만 했던 것이다. 그래서 책 제목을 일터와 일상성을 상징하는 청바지를 생각하며 '청바지를 입은 예수'라고 지었다.

우리를 구원하신 예수님이 이렇게 청바지를 입으셨다면, 우리는 어떻게 성육신적 사역을 해야만 할까? 우리는 숫자와 크기와 건물을 중요하게 여긴 나머지 내가 교회를 성장시키고 목회를 잘한다는 전문가로 착각하고 있는 것은 아닐까?

### 아브라함의 하나님, 나의 하나님

연말 교회 사역으로 정신없이 바쁠 때였다. 평소 개인적으로 존경하는 장로님에게서 연락이 왔다.

"목사님, 잘 지내시지요? 바쁘시겠지만, ○○호텔에서 행사가 있는데 꼭 참석해 주시면 안 될까요?"

나는 미리 선약이 있어 즉시 답을 할 수 없었다. 그러자 장로님은 다시 한 번 이야기했다.

"목사님, 이제 제 나이 팔십 중반인데 제가 살면 얼마나 더 살겠어요. 주님 부르심 앞에 제게 맡겨진 사명 하나로 하루하루 삽니다."

"네, 장로님 갈게요…."

나는 모기만 한 목소리로 대답했다. 그런데 놀라운 사실은, 하나님은 항상 내 육신이 편한 것과 반대로 순종하면 복을 주신다는 것이다. 그래서일까. 열 일 제쳐 놓고 우선순위를 조정하고 행사 장소에 가니 테이블에서 처음 보는 목사님을 만나게 되었다. 낯설었으나 내가 먼저 다가가 통성명을 했다. 그분은 그날 행사의 핵심 게스트였다.

사실 나만 잘 몰랐던 것이지 모든 이가 알고 있었다. 그분은 방송을 타고 소셜 미디어에 널리 알려진 목사님이었다. 개인적으로 알게 되면서 서로 가까워지며 교제하게 되었다. 그리고 교파를 초월해 목사님과 강단 교류까지 하게 되었다. 도시와 농어촌의 아름다운 교제가 이어질 무렵 목사님은 내게 잊혀지지 않는 말을 남겨 주었다.

본래 목사님이 섬기는 곳은 나사렛 같은 지역이었다고 한다. 그것도 원해서 간 곳이 아니라 반강제적으로 갔던 곳이다. 아무도 찾는 사람이 없어 불가피하게 선택한 길이었다. 하지만 하나님만 믿고 순종했을 때 기다리고 있는 건 축복이 아니라 시련과 고난이었다.

처음에 그 마을은 우상으로 가득 차 있었다. 마을 사람들에게 하나님을 소개하자 사람들이 박해하기 시작했다. 소금을 뿌리고 재수 없다며 이곳을 떠나라고 욕까지 퍼부었다. 그래도 하나님을 바라보고 끝까지 인내하며 복음을 전했다. 포기하지 않고 복음을 전하자 드디어 첫 세례를 받은 할머니가 나오게 되었다. 그렇게 교회는 자리 잡고 부흥하게 되었다. 가는 곳마다 영적인 부흥이 일어나고 하나님의 기사가 일어났다.

그리고 시간이 흘러 자신이 부임해 첫 세례를 주었던 할머니가 몸이 쇠약해져 요양병원에 가게 되었다. 목사님은 할머니가 보고 싶어 심방을 갔다가 큰 충격을 받았다. 반갑게 인사하는 목사님과 달리 할머니는 목사님을 못 알아볼 정도로 몸 상태가 안 좋았기 때문이다. 치매로 모든 기억을 잃어버리게 된 것이다. 목사님은 매우 안타까웠다.
"할머니, 저 모르세요? 저 모르시겠어요?"
"글쎄요? 처음 보는데요? 누구세요? 저는 잘 모르겠어요."
"할머니 교회 와서 저한테 처음으로 세례받았잖아요? 이 사진을 보는데도 저를 잘 모르겠어요? 아, 기억나야 하는데…."
"왜 우세요? 울지 마세요."
나는 그제야 왜 장로님이 그날 내게 전화했는지 알게 되었다. 그것은 하나님의 음성과도 같았다. 하나님을 향한 부르심을 잊어버리고 대형 교회와 제도화된 교회에서 정착민으로 살던 나를 복음으로 깨우기 위한 것이었다.

목사님은 『부름받아 나선 이 몸』이라는 책을 내게 건네며 자신의 부르심을 허심탄회하게 나누어 주었다. 자신의 사명은 오직 종교화되지 않고 제도화되지 않은 복음의 열정으로 사는 것이라고 했다. 부르신 곳이라면 어디든 달려가 한 영혼을 소중히 여기는 모습이 매우 도전적이었다. 나는 조용히 목사님에게 이곳에서 사역하는 게 힘들지 않은지 물어보았다.
"저도 인간입니다. 왜 힘들 때가 없겠습니까? 그래도 저는 이곳에 있어 가장 행복합니다. 왜냐하면 하나님이 부르신 곳에서 날마다 하나님과 동행하고 있으니까요."

목사님은 아브라함의 하나님, 이삭의 하나님, 야곱의 하나님이 아니라 오늘 나의 인격적인 하나님을 경험하기에 사역이 재미있고 보람이 있다고 말했다.

시골 목사님은 도시 목사인 내게 큰 깨달음을 주었다. 하나님의 부르심을 요나처럼 오해하고, 자기만족으로 사역하던 내게 중요한 메시지가 되었다. 목회를 다 아는 것처럼 착각하고 개인적 경험을 내세우며 예수님처럼 한 영혼을 사랑하지 못했던 내 자신이 너무 부끄러웠다. 한 영혼을 진심으로 사랑하기보다 사람 많은 곳에 가고, 대접받기 좋아하고, 섬김만 받으려던 내 모습이 부끄럽게 느껴졌다.

### 부르심, 결국 제자의 삶으로

우리는 모두 스스로를 종교개혁의 후예들이라 여긴다. 모두가 만인 제사장이자 목회자들이라며 가톨릭을 비판한다. 그러나 정말 내가 종교개혁의 후예처럼 살고 있는가? 다시 한 번 생각해 볼 필요가 있다. 한국 교회는 성육신적 모습이 아니라 가톨릭보다 더 가톨릭처럼 행동하고 있지 않은가 자문해 볼 필요가 있다.

부르심을 모르며 안락한 사무실에 머무는 직업목사. 성공주의와 번영주의 복음을 전하며 성공과 숫자와 크기와 건물을 떠드는 직업목사. 교회를 내 힘과 노력으로 일구었다며 자신의 행위를 자랑하는 직업목사. 부와 성공과 명예의 웰빙 기독교 안에서 안주하려는 직업목사. 세상에 보냄을 받기보다 익숙한 곳에서 제왕 노릇을 하는 직업목사. 이 모든 것은 복음에 물을 타서 잘못 가르치는 나와 같은 목사 때문에 벌어지는 것이다.

하나님은 구원 이후 우리를 이 땅에 남겨 두시고 복음을 위한 제사장으로 불러 주셨다. 어떤 의미에서 우리 모두가 목회자라 할 수 있는 것은 복음적인 삶 때문이다. 설교를 하는 목사, 교수를 하는 목사, 자녀를 키우는 목사, 돈을 버는 목사, 음악을 하는 목사, 선교를 하는 목사, 커피를 내리는 목사 등 모든 영역의 목회자들인 것이다. 빈부귀천이 없는 다양한 부르심 속에서 하나님 나라의 동역자들은 같은 길을 간다.

다양한 부르심은 결국 한 가지, 제자의 삶으로 귀결될 뿐이다. 어떤 위치, 어떤 자리, 어떤 역할을 하는 게 중요한 것이 아니라 얼마나 주님을 닮은 자로 살고 있는가가 핵심인 것이다. 세상으로 보냄을 받은 제자의 삶은 서로 비교하거나 열등감을 가질 필요가 전혀 없다. 우리는 상품이 아니라 걸작이기 때문이다. 오직 복음의 정신을 가지고 책임 있게 살아가는지가 중요할 따름이다. 마치 아버지가 맡긴 양을 곰이나 사자가 달려들어 빼앗으려 할 때 다윗이 사명감으로 막아 냈던 것처럼, 우리에게 주어진 하나님 나라의 삶을 묵묵히 살아 내면 되는 것이다 (삼상 17:34~35).

## 직업목사의 반성문
**5**

하나님, 죄송합니다. 부르심을 받은 목사인 제가 오랫동안 직업 목사로 살아왔음을 회개합니다. 하나님이 저를 부르신 곳에서 한 영혼을 사랑하지 못했던 죄를 용서해 주십시오. 주의 은혜로 자격 없는 자를 불러 주셨음에도 복음의 본질을 잊어버리고 살았습니다. 하나님이 보내시는 곳에 순종하며 가지 않고 성공과 숫자와 크기와 인정의 노예가 되어 살아왔던 죄를 회개합니다. 하나님보다 세상의 다른 신을 우상으로 섬겨 왔던 저의 죄를 용서해 주십시오. 이제 다시 복음으로 돌아가 하나님이 보내신 곳에서 하나님의 영광을 위해 살아가게 해 주십시오. 예수님의 이름으로 기도합니다. 아멘.

**목사와 소명 5**

## 칼뱅의 시대적 소명

장 칼뱅은 루터보다 20년 뒤에 태어났다. 부패한 가톨릭교회와 싸우기에 바빴던 루터는 이신칭의의 신학자였다. 세계의 역사를 바꾸었던 그가 지쳐 가고 있을 무렵 하나님은 칼뱅을 준비시켜 놓으셨다. 인류의 선물이라고 불리는 개혁교회의 아버지 칼뱅의 부르심은 어떠했을까?

칼뱅은 신학과 법학을 공부했다. 그가 살던 시대는 위험했다. 신성로마제국 칼 5세와 프랑스의 가톨릭 사이에서 싸울 때 그는 신학적 노선을 선택해야 했다. 스트라스부르가 안전하다는 소식을 듣고 피난을 가던 중, 길이 막혀 돌아가다가 그만 스위스 제네바에 체류하게 되었다. 그런데 그곳이 하나님이 보내신 곳이었다.

당시 파렐은 칼뱅을 불러 종교개혁 목회자로 청빙을 시도했는데, 그는 목회에 뜻이 없어 거절했다. 그러자 파렐이 온갖 저주를 담아 위협했다. 이것은 매우 유명한 일화다. 그 저주가 두려워 제네바에서 교회를 시작했으나 얼마 후 제네바 시의회와 뜻이 맞지 않아 충돌하게 된다. 할 수 없이 종교개혁자 부처가 있는 곳에서 가정을 이루고 지내다가 다시 제네바에서 부름을 받았다.

칼뱅은 제네바로 향했고, 종교개혁을 성공하게 된다. 그는 장로교 운영을 만들고, 기독교강요를 써서 가톨릭과 재세례파와 개신교가 무엇이 다른지를 정리했고, 스위스 제네바 아카데미를 만들어 전 세계에 거룩한 충격을 주었다. 특히 제네바 아카데미는 전 세계 교회에 기폭제가 되었다. 제자들을 통해 개혁교회의 신학이 뿌리내릴 수 있게 된 것이다. 그는 루터가 영적 전투를 벌이느라 하지 못했던 일을 체계적으로 잘 정리해 냈다. 그의 신학은 개혁교회 신학의 정수가 되었다.

### 에필로그

# 이제 십자가의 길로

　지금까지 하나님의 부르심을 받은 목회자로서 복음의 본질이 무엇인지 살펴보았다. 성경적 복음이란 하나님이 내 삶의 주인이라는 선포 이외에 다른 것이 아니었다. 하나님을 내 삶의 주인으로 모시고 하나님의 약속을 신뢰할 때 하나님의 통치가 내게 일어나 변화되는 삶을 복음적인 삶이라 말하는 것을 확인할 수 있었다.

　반대로 복음을 부분적으로 가르치거나 자기 방식대로 믿게 되면 하나님을 신뢰하기는커녕 무서운 괴물로 변해 버린다는 것도 알 수 있었다. 하나님의 은혜가 아닌 나의 행위(자랑)에 집착하면서부터 문제는 시작된다. 그때 부르심을 입은 자는 내리막길로 향하게 되고 결국 직업목사로 전락하게 됨을 확인했다.

나는 한국 교회의 문제는 결국 직업목사가 너무 많다는 데 있다고 생각한다. 교회가 어려워진 것은 외부에 문제가 있기보다 내부에 원인이 있는 것이다. 언제나 그렇듯 외부의 핍박은 교회를 죽이지 못하지만 타협된 복음이 교회를 죽인다는 것은 만고불변의 진리인 것 같다. 그런 의미에서 교회의 부흥은 복음을 잘못 가르친 나 같은 직업목사의 각성에 달려 있다.

때마침 하나님이 은혜를 주셔서 다시 한 번 복음을 공부할 수 있게 되었다. 이것은 하나님의 은혜라고밖에 설명할 길이 없다. 선교센터에서 복음 수업을 마치고 돌아갈 때마다 나는 집으로 향하며 차 안에서 생각했다. '도대체 무엇 때문에 저들은 안락한 곳을 버리고 불편한 선교지로 가려는 것일까?'

다음의 예화로 답변을 대신하고자 한다.

어떤 재미 교포 청년이 유엔에서 일을 하다가 내 부모의 나라 한국이 궁금해졌다고 한다. 그래서 한국의 역사를 공부하던 중 한국전쟁에 대해 눈을 뜨게 되었다. 대한민국 역사를 공부할수록 부모의 나라를 지켜 준 참전 용사들이 무척 고마웠다. 그들의 도움이 아니었다면 부모도 없고, 자신도 이 세상에 태어날 수 없었기 때문이다.

그녀는 하던 일을 멈추고 용기 내어 세계 여행을 하기로 마음먹었다. 전 세계에 살아 있는 해외 참전 용사들을 찾아다니며 감사를 표하고 싶었다. 지구 반대편 에티오피아까지 찾아갔다. 그런데 에티오피아의 노병이 그녀를 보고 놀라움을 금치 못했다고 한다. 생면부지의 청년이 자신에게 와서 절을 하며 감사 인사를 하니 감동스러웠고, 이제는 자식들도 자기 이야기를 듣지 않는데 저 이역만리에서 고마움을 전하려고 온 게 너무 감개무량했기 때문이다.

그녀만이 아니라 대한민국은 매년 전 세계 참전 용사들을 초청해 감사 인사를 전한다고 한다. 그때 대통령은 참전 용사들에게 이런 말을 한다고 들었다.

"감사합니다. 여러분의 도움이 아니었다면 오늘의 대한민국은 없었을 것입니다. 여러분의 희생으로 대한민국은 이렇게 발전할 수 있었습니다. 진심으로 고맙습니다. 이제 저희가 어떻게 여러분에게 진 빚을 갚으면 좋겠습니까?"

그때마다 참전 용사들은 다음과 같이 대답했다고 한다.

"한국이 우리에게 사랑의 빚을 갚는 방법은 여러분이 우리를 잊지 않는 것입니다."

기독교는 은혜이다. 자격 없는 우리를 구원해 주신 하나님께 은혜를 갚을 수 있는 방법은 그 은혜를 잊지 않는 것이다. 날마다 되새기는 것이다. 그리고 저마다 부르신 곳에서 그 은혜를 나누고 전하며 살아가는 것이다.

## 참고 문헌

김형익, 『율법과 복음』, 두란노, 2018.
레너드 스윗, 『미래 교회 성공 키워드 A to Z』, 김영래 역, 땅에쓰신글씨, 2007.
로버트 콜먼, 『주님의 전도 계획』, 홍성철 역, 생명의말씀사, 2007.
로리 베스 존스, 『청바지를 입은 예수』, 유은영 역, 좋은생각, 2002.
마이클 프로스트, 『성육신적 교회』, 최형근 역, 새물결플러스, 2016.
마이클 프로스트 외, 『새로운 교회가 온다』, 지성근 역, IVP, 2023.
맥스 루케이도, 『예수님처럼』, 윤종석 역, 복있는사람, 2013.
백세희, 『죽고 싶지만 떡볶이는 먹고 싶어』, 흔, 2019.
스펜서 존슨, 『누가 내 치즈를 옮겼을까』, 김영신 역, 진명출판사, 2015.
C. S. 루이스, 『스크루테이프의 편지』, 김선형 역, 홍성사, 2018.
알렌 크라이더, 『초기 기독교의 예배와 복음 전도』, 허현 외 역, 대장간, 2019.
알렌 크라이더, 『초대교회에 길을 묻다』, 홍현민 역, 하늘씨앗, 2019.
알리스터 맥그라스, 『신학이란 무엇인가』, 김기철 역, 복있는사람, 2021.
유진 피터슨, 『한 길 가는 순례자』, 김유리 역, IVP, 2011.
유진 피터슨 외, 『껍데기 목회자는 가라』, 차성구 역, 좋은씨앗, 2014.
유현준, 『공간의 미래』, 을유문화사, 2021.
이훈, 『함께 걷는 순례자』, 두란노, 2008.
장동민, 『포스트크리스텐덤 시대의 한국 기독교』, 새물결플러스, 2019.
제임스 패커, 『소망』, 김기호 역, IVP, 2003.
존 맥아더, 『복음을 부끄러워하는 교회』, 황성철 역, 생명의말씀사, 2010.
존 파이퍼, 『나의 목회자 형제들에게』, 전의우 역, 좋은씨앗, 2021.
찰스 스윈돌, 『은혜의 각성』, 정진환 역, 죠이북스, 2006.
토미 테니, 『하나님 당신을 갈망합니다』, 윤종석 역, 두란노, 2011.
톰 라이트, 『바울 평전』, 박규태 역, 비아토르, 2020.
팀 켈러, 『당신을 위한 갈라디아서』, 윤종석 역, 두란노, 2018.
피터 브라운, 『아우구스티누스』, 정기문 역, 새물결, 2012.
필립 얀시, 『교회 나의 고민 나의 사랑』, 윤종석 역, IVP, 2019.
현재인, 『예수원 이야기: 광야에 마련된 식탁』, 양혜원 역, 홍성사, 2019.